这样定规矩，孩子愿接受

刘艳 —— 著

华中科技大学出版社
http://www.hustp.com
中国·武汉

图书在版编目(CIP)数据

这样定规矩，孩子愿接受 / 刘艳著. --武汉：华中科技大学出版社，2019.9
ISBN 978-7-5680-5259-7

Ⅰ.①这… Ⅱ.①刘… Ⅲ.①家庭教育 Ⅳ.①G78

中国版本图书馆 CIP 数据核字(2019)第 100710 号

这样定规矩，孩子愿接受
Zheyang Ding Guiju, Haizi Yuan Jieshou

刘 艳 著

策划编辑：亢博剑
责任编辑：康　艳
封面设计：刘红刚
责任校对：李　弋
责任监印：朱　玢

出版发行：华中科技大学出版社（中国·武汉）　　电　话：(027) 81321913
　　　　　武汉市东湖新技术开发区华工科技园　　邮　编：430223

印　　刷：北京市艺辉印刷有限公司
开　　本：710mm×1000mm　1/16
印　　张：16
字　　数：240千字
版　　次：2019年9月第1版第1次印刷
定　　价：39.80元

本书若有印装质量问题，请向出版社营销中心调换
全国免费服务热线：400-6679-118　竭诚为您服务
版权所有　侵权必究

前　言

现今的父母比起上一代权威式、家长式的父母，更注重科学育儿，倡导平等、自由的教育理念。这也带来了一个问题，父母给予孩子无限的自由，结果使一些孩子变得为所欲为，毫无规矩：在家从不干家务活，衣来伸手饭来张口；吃饭时不好好吃，吵着闹着要吃零食；进了超市这也想买那也想买，不让买就大发脾气或撒泼耍赖；说话大吼大叫，对长辈蛮横无理；在公共场所大声喧哗，打人骂人，乱扔垃圾，随意践踏花草树木，破坏公物……这样的孩子，也就是现在大家口里所说的"熊孩子"，他们不守规矩，毫无礼貌，完全不顾及别人的感受，让人唯恐避之不及。

是的，没有人喜欢受到约束，但是，世上从来没有绝对的自由，所有的自由都是以约束为前提的。一个浅显的例子就是，如果大家都不遵守交通规则，只想毫无阻碍地往前冲，争先恐后，互不相让，结果不是交通堵塞就是发生车祸。孩子将来不可避免要步入社会，那就必须遵守社会规则。

　　而父母能给孩子的最好的教养，就是让孩子知规矩、守规矩，在约束的基础上给予孩子自由。如果想要孩子学会自理，改掉娇生惯养的毛病，就要训练孩子做事的能力，督促孩子反复练习，直至养成习惯；如果想让孩子将来在社会上活得有价值、有尊严、有自由、有朋友，就要帮助孩子树立良好的品行，纠正其不良行为；如果希望孩子在学习上取得好成绩，就要规范孩子的学习行为，帮助孩子培养良好的学习习惯，掌握有效的学习方法；如果想让孩子在生活中受人欢迎，拥有良好的人际关系，就要教会孩子讲礼仪，懂规矩，做一个懂社交、有规矩、高情商的人；如果想要保证孩子安全、健康地成长，就要让孩子自觉遵守生活中的一些安全指引，规避安全风险；如果想让孩子树立正确的金钱观，学会挣钱、花钱、理财的方法，就要传授给孩子理财方面的相关知识，更要引导孩子明白"君子爱财，取之有道"。

　　以上种种，都离不开规矩。孩子虽然会有一定的自我管理意识，但他们的自律意识并没有想象中的那么强。制定合理的规矩，保护、帮助孩子顺利成长，是为人父母的责任。当然，这也是父母接受孩子挑战的开始，因为孩子都渴望自由自在、无拘无束的生活。所以，父母在立规矩时需要讲究一些技巧，比如规矩要出于爱，规矩要从小培养，规矩要符合孩子的个性，不同年龄不同规矩，规矩的预期要合理，规矩要明确具体，执行规矩要有奖有罚，规矩不能变来变去，对规矩要有敬畏之心，规矩要与时俱进，让孩子参与规矩的制定等等。

规矩教育还有一个重要前提，那就是父母自己也要遵守规矩。孩子每天都在用自己的眼睛关注着身边的事物，观察着大人的一举一动、一言一行，于是，父母便成了他们生活中的老师。如果父母在各方面都遵循社会规范，孩子耳濡目染、潜移默化，久而久之也会受到良好的影响。

值得注意的是，父母在进行规矩教育时应当避免一些误区，比如：容易向孩子妥协，立规矩后急于求成，过度限制孩子的自由，滥用惩罚措施，随意下"最后通牒"等，否则既容易伤害亲子关系，也无法达到规矩教育的效果。

规矩教育是一门"用心"的艺术，父母需要通过合理的方式，让孩子看到规矩之美，从而心悦诚服地接受规矩。只有在遵守各种规矩的基础上，孩子的前进才更有方向、更加安全。

本书在编辑的过程中，得到了林学华、张慧丹、林春姣、李小美、曹阳、庞欢、孙长胜、李泽民、龚四国、林红姣、向丽、曹驰、曹琨、林望姣、王凯军、林双兰、李本国、林华姣、李鹏、林丽姣、陈艳、陈胜、陈艳威、林喆远、翟晓斐、刘屹松、丁艳丽、王志利、赵艳霞、张杨玲、陈怡祥、林中华、曹茜、刘永兵、林小桂等不少同仁的支持和帮助！在此特表示深切的谢意。

目录 | Contents

第一章 孩子为什么需要规矩

——让规矩成为孩子行为的界限

1. 懂规矩的孩子更受人欢迎 / 002
2. 懂规矩的孩子更有自控力 / 005
3. 懂规矩的孩子更能适应社会 / 008

第二章 立规矩，从了解孩子的天性开始

——知己知彼，才能做到游刃有余

1. 告诉孩子，大哭大闹也不可以破规矩 / 012
2. 告诉孩子，抱怨赌气在规矩面前皆是徒劳 / 014
3. 孩子青春期逆反，科学引导让其遵守规矩 / 016
4. 告诉孩子，讨价还价也要以规矩为标尺 / 019
5. 孩子的规矩教育，应落到他们的心坎上 / 023

第三章 立规矩，父母必须遵循的 12 条原则

——父母有原则，孩子才会守规矩

1. 立规矩的起点和终点都是爱 / 026
2. 立规矩身教胜于言传 / 028
3. 立规矩时父母的态度要一致 / 031
4. 规矩意识从小培养 / 034
5. 不同年龄不同规矩 / 037
6. 立规矩要符合孩子个性 / 039
7. 合理的规矩预期 / 043
8. 立规矩要明确而具体 / 045
9. 立规矩事先讲明"后果" / 048
10. 规矩不能变来变去 / 052
11. 奖惩都有规矩 / 054
12. 对规矩要有敬畏之心 / 057

第四章 立规矩，让孩子养成良好的习惯

——培养孩子一生的好习惯

1. 培养孩子吃饭的规矩 / 062
2. 规范孩子的作息时间 / 066

3. 养成良好的卫生习惯 / 070

4. 合理控制孩子的零食 / 074

5. 严格控制看电视的时间 / 077

6. 网瘾：严格限制 + 合理引导 / 081

7. 拒绝孩子的无理要求 / 084

8. 改掉孩子做事拖拉的习惯 / 087

9. 培养自理能力：自己的事情自己做 / 090

第五章　立规矩，让孩子言有规行有范

——培养孩子得体的言行举止

1. 孩子犯错要正确引导 / 094

2. 循序渐进，培养孩子的责任感 / 096

3. 纠正孩子说脏话的毛病 / 099

4. 杜绝孩子的攻击行为 / 102

5. 纠正孩子的霸道任性 / 105

6. 纠正孩子外出撒泼的行为 / 109

7. 正确对待孩子顶嘴的行为 / 111

8. 教孩子懂得感恩 / 114

9. 遵守公共场合的规矩 / 117

第六章 立规矩，让孩子学习更高效
——培养孩子高效学习的技能

1. 让规矩成为孩子兴趣的助力 / 122
2. 合理安排学习时间 / 125
3. 培养孩子阅读的习惯 / 129
4. 帮助孩子改掉健忘的毛病 / 131
5. 帮助孩子改掉粗心大意的毛病 / 134
6. 父母辅导作业的规矩 / 137
7. 帮助孩子养成良好的学习习惯 / 140
8. 让孩子学会独立思考 / 143
9. 从孩子的实际出发，因材施教 / 145
10. 让孩子学会持之以恒 / 149

第七章 立规矩，让孩子成为社交小达人
——让孩子学会与人和谐相处的艺术

1. 从小树立合作意识 / 152
2. 社交礼仪：做人要有礼貌 / 155
3. 提高孩子的交际能力 / 159
4. 乐于跟他人分享 / 162

5. 让孩子懂得尊重他人 / 164

6. 纠正孩子的嫉妒心 / 167

7. 引导孩子学会关爱别人 / 170

8. 引导孩子换位思考 / 174

第八章　立规矩，告诉孩子不要越过安全的雷区
——从小培养孩子的安全意识

1. 正确对待孩子的隐私 / 178

2. 青春期的性教育 / 181

3. 外出注意安全 / 185

4. 学会自我保护 / 188

5. 孩子之间玩闹要有分寸 / 192

第九章　立规矩，培养孩子正确的金钱观
——让孩子从小树立正确的金钱观

1. 花钱不能大手大脚 / 196

2. 虚荣心要不得 / 200

3. 树立正确的金钱观 / 203

4. 让孩子学会理财 / 206

第十章 立规矩，父母应该避开的误区

——没有教不好的孩子，只有不会教的父母

1. 父亲角色的缺失 / 212
2. 态度不够明确，容易妥协 / 216
3. 立规矩后急于求成 / 219
4. 过度限制孩子的自由 / 222
5. 滥用惩罚措施 / 225
6. 对孩子产生厌恶情绪 / 228
7. 随意下"最后通牒" / 231

第十一章 立规矩，父母要与时俱进

——让规矩引导孩子健康茁壮地成长

1. 经常交流沟通，了解孩子心声 / 234
2. 让孩子参与规矩的制定 / 237
3. 勇于纠正自己的错误 / 239
4. 规矩应该与时俱进 / 241

第一章　孩子为什么需要规矩
——让规矩成为孩子行为的界限

父母给孩子立规矩,既可以帮助孩子找到行为的界限,又可以帮助孩子养成良好的习惯。

1. 懂规矩的孩子更受人欢迎

所有父母都不希望自己的孩子因不守规矩而成为别人指指点点的对象。"没有规矩，不成方圆"，从小给孩子立规矩，帮助孩子找到行为的界限，是家庭教育最好的标尺。一个富有教养、明白事理又懂礼貌的孩子，不管走到哪儿都会受到人们的欢迎。

浩浩与小区里几位年龄相仿的孩子总爱在一起玩，做游戏，相处得还不错。随着孩子们渐渐长大，有家长发现，浩浩每次看见其他小朋友有新玩具就想要，别人不给就抢，抢不过就动手打人。有位家长为此专门提醒过浩浩妈妈，但浩浩妈妈却一副不以为然的样子。其他家长知道浩浩妈妈的态度后，都渐渐疏远了她，而且尽量不让自己的孩子跟浩浩一起玩。

我们可能会对浩浩妈妈的反应感到些许悲哀。孩子犯错并不可怕，可怕的是对他的纵容，从而让孩子养成一些恶习，为孩子的将来埋下祸根。孩子出生时犹如一张白纸，没有天生不守规矩的孩子，只有不会管教和引导的父母。

邻居家两口子从事 IT 行业，丈夫长期出差，妻子也很少准时下班回家。不过，他们的儿子小辉很懂礼貌，也守规矩。每天下午 5 点半左右，他自己坐校车回家，到家后吃些妈妈给他准备好的面包、蛋糕、牛奶等，然后开始做作业。因为妈妈回来得晚，工作很累，为了帮妈妈分担家务，小辉写完作业就会下楼到附近的超市买些妈妈做晚饭需要的蔬菜肉类。在前往超市的路上，小辉总是遵守交通规则，从来不会闯红灯。在小区里见到认识的人，他都会热情地打招呼；对于伸出援手帮忙拿东西的人，他总是礼貌地表示感谢。每次见到邻居一家，我就夸小辉懂礼貌，又聪明。邻居面带笑容地说，您夸他讲礼貌我们很高兴，但不要夸他聪明。我听了感到很不解，邻居解释道，现在的孩子都很聪明，引导他们懂礼貌和守规矩更重要！当下，不少家庭过度重视开发孩子的智力，往往忽视了让孩子养成守规矩的习惯。父母要告诉孩子，你遵守规矩，这个世界才会以规矩待你！生活中，有些孩子不讨人喜欢，很大程度是因为他们不守规矩、任性、没有礼貌、毫不顾及他人的感受，很难把控他们的思想和行为。对此，有的父母会说"孩子还小，不懂事，长大就懂事了"，还有的父母认为给孩子定太多规矩，会束缚孩子的思想。于是，他们对孩子不守规矩的行为睁一只眼闭一只眼，容忍孩子一次次地挑战规矩，容忍孩子一次次任性地索取，让周围的人苦不堪言。尤其是与孩子的父母关系不错或比较熟悉的人，碰到这种不懂规矩的孩子，只能避而远之。

值得庆幸的是，生活中明智的父母也不在少数。著名演员徐帆是两个女儿的妈妈，她说自己家是"严母慈父"，"爸爸什么都答应，妈妈经常说不行，我是一个比较严厉的母亲。在家我会让孩子学点规矩，因为有规矩的孩子出门才惹人喜欢，才会有朋友。我希望孩子以后能多交朋友，那就必须要懂规矩。"如果孩子能够遵守生活中的规矩，就会成为一个受大家欢迎的人。所以，父母能给孩子的最好的教养，就是让孩子懂规矩，让规矩成为孩子成长道路上不可缺少的一把标尺。

阅读小贴士：

　　研究者跟踪调查了 200 多个孩子，从他们 3 岁一直跟踪到 13 岁、23 岁和 33 岁，最后发现，如果在 3 岁的时候，孩子的自我控制能力是比较好的，当他们到了 23 岁和 33 岁的时候，无论在事业上还是人际交往、家庭关系上，都会取得更多的成就，拥有别人羡慕的生活工作状态。

2. 懂规矩的孩子更有自控力

现在不少父母对孩子实行"放养",希望孩子能够自由成长。不可否认,父母的出发点是好的,但是,父母必须明白,自由不等于肆无忌惮,想干什么就干什么。教育孩子懂规矩、守规矩,并不意味着剥夺孩子的自由。之所以要给孩子立规矩,是为了告诉孩子对与错的界限;培养孩子的规矩意识,是为了让孩子拥有广阔的前景,将来飞得更高更远。研究证明,守规矩的孩子一般自制力都很强,这也在很大程度上加快了孩子心智成熟的速度。意大利教育家蒙台梭利虽然强调自由对于孩子发展的重要性,但是她也指出自由不是随心所欲的,只有建立在规矩上的自由才是真正的自由。

经常有家长抱怨:"孩子做作业需要父母陪着,手机、平板电脑一玩就不撒手,睡觉、吃饭、上学都得催,总之,大事小事都得大人看着,否则,别指望他能自己做好。"其实,这些都是孩子缺乏自制力的表现。

心理学上有个著名的棉花糖实验,老师把一群4岁左右的孩子聚集到一间教室里,每人发放一块棉花糖,并对他们说:"你们随时都可以吃棉花糖,但如果你们能等老师回来再吃,那么你们就可以得到更多的棉花糖。"老师离开后,有的孩子立即大口吃掉棉花糖;

有的孩子坚持了一会儿,最后还是没能忍住棉花糖的诱惑;有的孩子则用唱歌、看卡片的方式来转移注意力,坚持到了最后,并得到了更多棉花糖。后来,学校对这群孩子进行跟踪调查,直到他们参加工作,成家立业。结果发现,当时能坚持的孩子明显比其他的孩子更优秀,更受人欢迎,收入更高,生活得更好……而那些马上吃掉棉花糖的孩子,人际关系较差、不善于应对压力、注意力不够集中……

由此可见,对孩子来说,自律与专注力同样重要,没有良好的自我控制、自我管理的能力,将来会很难适应社会的发展。

小王子拜访的下一个星球上住着一个嗜酒如命的人,尽管访问时间并不长,但小王子却感到很悲伤。"你在做什么?"小王子问酒鬼,酒鬼坐在那里默不作声,一堆酒瓶散落在他的面前,有的装着酒,有的已经空了。

"我在喝酒。"终于,他用低沉的声音忧郁地回答道。

"你为什么喝酒?"小王子问道。

"为了忘记。"酒鬼回答。

小王子不由得开始同情酒鬼,问道:"忘却什么呢?"

酒鬼低下头,坦白道:"为了忘却我的羞愧。"

"你羞愧什么呢?"小王子很想帮助他。

"我羞愧我喝酒。"说完,酒鬼再也没有开口说话。小王子满头雾水地离开了。在旅途中,他喃喃地说:"实在弄不懂这些大人。"

这是著名的法国小说《小王子》里的一个片段。酒鬼的做法虽然颇具讽刺意味,但也正说明了坏习惯一经养成后,想要控制和改变有多么困难。一个人无法有效控制自己行为的原因,往往是因为对自己过于宽容,不懂得抗拒欲望。《高效能人士的七个习惯》一书中提到,不自律的人就是情欲、欲望和感情的奴隶。日本艺术家山本耀司也说过："我从来不相信懒惰能换得自由，我追求的自由是通过勤奋和努力而换得的，这样的自由才珍贵，才有价值，才能实现更广阔的人生。"所以，只有懂得自律的孩子，才能创造属于自己的精彩人生。

阅读小贴士：

哈佛大学教授爱德华·H.克拉克博士曾经说过："自我都是天生的统治者，在特定的范围内，人体的各个部位都将臣服于它的权威……但是，倘若它对自己的地位并不在意，对高频率的警惕和辛苦表示不耐烦，那么它手中的权力将会慢慢消失，最终沦为他人的奴仆。"

3. 懂规矩的孩子更能适应社会

一名学生利用课余时间在餐馆洗盘子以赚取学费。这家餐厅有一个不成文的规定：盘子必须用水洗 7 遍。洗盘子的工作是按件计酬的，这名学生在洗盘子时少洗两遍，这样一来，他的劳动效率大大提高了。不少学生向他请教技巧，他毫不避讳地说："少洗两遍就行了。"许多学生知道后，渐渐疏远了他。

当餐馆老板定期抽检盘子的清洁状况时，用仪器一下子测出盘子的清洁程度不达标，于是责问这位学生，没想到他却振振有词："洗 5 遍和洗 7 遍差别并不大。"老板听了淡淡地说："你是一个不守规矩的人，请你离开。"

还有一个男生，学习成绩从小学到高中一直十分优秀，后来被保送进了知名大学，在当时引来不少学生和家长的羡慕。但大学毕业后，他的表现却让人大跌眼镜，在短短一年时间里就失业了三次。前两次连试用期都没有过，第三次是他估计自己通不过试用，为了挣回些颜面而主动辞职。之后他感到非常沮丧，再也不愿去找工作，整天待在家里，玩游戏玩到深夜，白天则睡大觉。

妈妈看在眼里，急在心上，于是去儿子工作过的单位找领导了解情况。公司领导很坦诚地说出了实情:"你的儿子自视过高,对工作不上心,好几次给他分派任务,他却认为那些是卖力气的人干的活,拒绝完成。我批评了他一次,结果他第二天就不来上班了。另外,公司开会时他总是无精打采,有时还顶撞领导,说领导没见识。而且他觉得自己是名校毕业,看不起同事们,所以在单位的人缘也很差……"

妈妈听了感到十分惊讶,她知道儿子一直以来确实有些自我,但没想到问题会如此严重。在她心目中那么优秀的儿子,一直都是她的骄傲,而她也觉得自己是个挺成功的母亲,可是,儿子为什么会变成现在这个样子呢?

很显然,这个男生身上有着好高骛远,唯我独尊,大事做不来、小事不想做,自私自利等不少缺点,但是还在学校的时候,他的这些缺点都被好成绩给掩盖了。

对于孩子来说,增强适应社会的能力是一门必修课,否则便不会有真正的成长。所以,父母的终极使命就是培养出适应社会的孩子,并且要从很小的时候就开始培养,给孩子提供与外界接触的机会,鼓励孩子参加社会活动。因为孩子不仅是家庭的成员,也是社会的一员,长大后要和其他社会成员一起和谐地相处。只有多接触社会,多参加集体活动,和不同的人沟通、合作,孩子才能学会互助互爱,努力在不同的环境中成长,成为优秀的自己。

这个社会如同大海,只有借风才能扬帆,而所谓借风就是能够顺势而为,只有在遵守各种社会规则的基础上,孩子的前进才更有方向、更加安全。一个不懂规矩的孩子,哪怕再有能力,也会像无头苍蝇那样,不知道目标和方向在哪里,到处乱撞。这样的孩子长大后很难有大的作为,而且容易误入歧途。

阅读小贴士：

美国独立先驱富兰克林的13条人生哲学：

1. 节制：食不过饱，不狂饮。

2. 沉默：发言一定要能够为对方或自己创造价值。

3. 秩序：生活中的所有事物都要有它们自己的位置，所有业务都要有它们自己的时间。

4. 意志：说到的就要做到，做到跟你说到的一样好。

5. 节俭：花费一定要能够为别人或自己带来价值。

6. 产出：时间和精力必花在有用的事物上面。

7. 诚恳：不用诡计，用纯粹而平等的角度思考，如果要发言，就照着你的思想说。

8. 公正：不损害他人，不忘记自己的义务，做有益他人的事。

9. 中庸：避免极端，不要落井下石。

10. 整洁：绝不容忍身上、衣服与家中的脏乱。

11. 平静：不被世俗所扰，也不为无法改变的事情所困。

12. 节欲：性爱是健康与生育的，而不是发泄或报复的管道。

13. 谦逊：像耶稣或苏格拉底一般。

第二章 立规矩,从了解孩子的天性开始
——知己知彼,才能做到游刃有余

根据孩子的性格、年龄和心理特点,合理地给孩子立规矩,才能保证孩子更好地遵守规矩。

1. 告诉孩子，大哭大闹也不可以破规矩

生活中，为了做成某些事情，我们经常需要跟人协商、谈判。而孩子因为沟通能力有限，往往是通过哭闹来表达自己的意见和要求，这种做法几乎会贯穿孩子的整个幼年乃至更长的时间。

孩子刚出生时不会说话，哭就成了他的语言。一旦有任何需求或者感到不舒服，他就会通过哭向父母发出信号。父母则想方设法安抚孩子，尽量满足他的需求。因此，在这个时期，孩子会发现哭是一种可以让父母向自己妥协的"武器"。

当孩子学会说话后，他会用语言将自己的感受或者不满表达出来。一旦遭到父母的拒绝，大多数孩子仍然将哭作为"要挟"父母的辅助手段。这是一种习惯。因为他在小时候就用哭换来了父母的"妥协"，他潜意识里已经认可了哭的作用。

生活中经常会出现这样的情况：父母规定在外面不许吃冰激凌，第一次孩子看到冰激凌想要吃，父母没有答应；第二次有同行的朋友，朋友主动给买了，父母只好同意让孩子吃；第三次，孩子又要，但父母不给，于是孩子央求，而且有人说情，父母同意了；第四次，孩子又要，父母不给，孩子就开始闹，闹得动静有点大，父母碍于面子又同意了；第五次，孩子闹了但父母始终不答应，结果，孩子

闹得更厉害了……

在这个例子中，规矩是有的，但规矩的执行却很不一致。这就会让孩子感到混乱，摸不着头脑，于是就会去试探这个规矩的边界和规矩的强度。既然哭闹之后父母就会让步，达到自己的目的，孩子就会认为要想如愿以偿，只有持续不断地哭闹！

然而，不要以为父母让步之后孩子会感谢父母，相反，他会责怪父母为什么不马上满足他的要求，而要让他这么费劲地哭闹。

为了从根源上解决孩子哭闹的问题，父母应该制定生活中的规矩，比如对于玩具、零食的规范，并和孩子沟通、讨论，让他了解规矩从而有遵守的意愿。当孩子哭闹和耍赖时，父母的态度更要坚定，可以不回应，并向孩子表现出自己并没有关注他的哭泣，甚至直接走到一边去。孩子见父母不理会自己的哭闹，会认为自己"要挟"失败，从而放弃哭闹的行为。

下面是一位妈妈的经验：孩子小时候经常任性胡闹，我呵斥他就跟夸奖他一样，越是呵斥他就越是来劲。有一天，他又任性胡闹，恰好我手上正忙着一件事情，根本没顾上理他。几分钟后，等我忙过了，发现他已经在旁边安静地玩起来了。这个无意中的发现让我找到了一个对付孩子任性的秘诀，那就是当孩子发脾气胡闹时，只当没看见，过一会儿就风平浪静了。

当然，也有的孩子会因为父母没有哄自己而更加伤心，哭得更厉害。这时，父母不可当场以情绪化的言辞来训斥孩子，可以给孩子玩具或者给他放动画片来转移注意力，等孩子心情平复下来后再跟他讲道理，告诉孩子遵守规矩的理由，让孩子真正了解遵守规矩的用意，而不是因为畏惧父母责打才停止自己的错误行为。

2. 告诉孩子，抱怨赌气在规矩面前皆是徒劳

一般来说，孩子五六岁时便可以领会父母提出的一些具体要求和规矩的本意，并能自行遵守。然而，孩子毕竟是孩子，好奇心重，总想试探一下自己越界后父母会有什么反应。比如拿起画笔在墙上乱画一通，故意把衣服穿反，将家里的鞋扔得到处都是……通过试探，孩子经常能清楚地知道自己的哪些举动可以让父母感到不安。而父母越是焦虑不安，孩子就越觉得自己占据了上风。

这种孩子确实会有影响力，但这对他没有任何好处。在权力斗争中，在与别人较量时，他可能是胜利者，但是这与真正的自信无关。孩子觉得自己不被接受，所以他必须不断证明给自己和其他人看——他很强。他需要每天想出新的花招来博取关注。出人意料的是，除了安慰、游戏和拥抱，孩子还会努力争取责骂、警告甚至殴打这些负面关注，以使自己成为父母关注的焦点。这似乎是在说："如果我得不到关爱，那么至少要得到排斥。"

嘉嘉和乐乐是一对龙凤胎，嘉嘉出生时患有先天愚型症，经过治疗后虽然没有影响智力，却有运动性障碍；乐乐则一直很健康。由于兄妹俩自小身体健康状况不同，父母不自觉地对嘉嘉多一些照顾，而对乐乐则相对严格。每次乐乐调皮捣蛋时，父母大都会以嘉

嘉的乖巧为榜样对乐乐提出批评。

随着兄妹俩渐渐长大，父母发现乐乐越来越叛逆了，不知道从什么时候开始，他考试不及格已是家常便饭，上课爱捣乱，不听讲，还老是惹是生非。最近，乐乐还和学校里的不良学生一起到学校附近的小卖部偷东西，批评他也不听，甚至还朝家人嚷烦。后来，经过心理医生的测试和沟通，才知道乐乐之所以这样，是因为他觉得父母关注嘉嘉较多，希望得到父母同样的关注，于是产生了逆反心理，企图通过逃学、盗窃等错误行为来获得关注。

孩子的表现有时的确令人烦恼，但是，父母仍然应该试着去理解孩子。当父母了解了孩子所处的成长阶段，就会明白有些事情孩子可以做到，有些事情则难以做到。理解孩子并不是说完全接受孩子的行为，而是要明白孩子之所以出现这些行为，是因为他们正处于心智尚未完全成熟的阶段。

为了纠正孩子求取关注的行为，父母应该始终如一地以关爱的态度对待孩子，比如跟孩子一起玩游戏、阅读、吃饭、聊天、讲睡前故事等。有时父母可能无法固定自己的时间安排，所以在制定这方面的目标时要符合实际，不要对自己提出过高要求。

同时，为了让孩子明白父母的期待是什么，父母可以和孩子一起把规矩写在卡片上，放在孩子容易看见的地方。即使孩子还不识字，也能起到提醒的效果。当然，孩子可能会忘记，但当父母把这些规矩张贴在孩子看得见的地方时，便可以指着这些规矩对孩子说："规矩上写着不许乱涂乱画，你没有遵守规矩，所以今天晚上你不能看电视了。"

有时父母还要尝试忽视孩子的不良行为，这是为了让孩子明白，抱怨并不能得到他想要的东西，直到他冷静下来后，父母才会和他对话。

3. 孩子青春期逆反，科学引导让其遵守规矩

孩子进入青春期后，身体发育逐渐成熟，情感和认知飞速发展。青春期也是理想、信念、世界观开始形成的重要时期。但是，生理成熟和心理不成熟的矛盾，受到自我意识和外部世界的同时影响，使这个时期的孩子内心发展错综复杂，一方面造成了他们"矛盾重重"的局面，另一方面也让他们表现得格外"逆反"。

安安是个独生女，妈妈对她的管教十分严格。从小学开始，安安就被要求每天早上5点起床背英语，6点去小区里跑步，7点准时吃早餐，然后自己去上学，晚上放学回家不能晚归20分钟以上，晚饭后还要上英语网课。

除了这些，妈妈还规定安安不能乱交朋友，不能和同学进入KTV、网吧等娱乐场所，外出游玩必须有爸爸或妈妈陪同，平时的零花钱开支要一一上报……如果安安做不到这些，或者在学习中出现差错，妈妈就会对她进行责骂，甚至用粗暴的方式让她记住教训。而安安也没有辜负妈妈的厚望，学习成绩一直都很优秀。

可到初三那年，安安似乎突然变成了另外一个人，经常和同学逃课，周末在网吧出没，还结交了一些社会上的朋友。为此，妈妈狠狠地打了安安一顿。妈妈原本以为安安会慢慢地改过来，但安安反而变得更加叛逆了，她耳朵上的几个耳洞就像是在向妈妈"宣

战"。

孩子还小的时候，可能会因为父母管得过于严格而不敢和父母抗衡，但他们会把这种渴望一直放在心底。到了青春叛逆期，孩子各个方面都渴望独立，想要尝试一些之前没有做过的事情，这样一来，亲子之间的对抗在所难免。

很多时候，父母越是说孩子不好，孩子越是容易逆反，想跟父母对着干。一个好的倾听者往往比一个雄辩的批评家更能有效地解决孩子的逆反问题。在充分了解孩子的所思所想后，父母可以对孩子不正确的想法和判断进行纠正，明确指出他的哪些想法和判断是不对的，哪些是父母不能同意和接受的。当孩子感到父母的态度和蔼可亲，能够理解自己并设身处地为自己着想时，他便会乐于接受父母的意见，而不会想要跟父母对着干。

下面这位妈妈的做法值得家长们参考：进入青春期以后，很多孩子都开始讨厌和妈妈说话，更加讨厌妈妈插手自己的事情。而林丽很少主动管女儿的"私事"，总是等着女儿来向自己求助。同时，对于女儿告诉自己的事情，她总是尽最大努力去理解、接受，有时还会帮女儿出谋划策。所以，女儿一点也不排斥妈妈，从不担心妈妈知道自己的真实想法，更没有像其他孩子那样觉得妈妈很"讨厌"。

生活中，很多父母对孩子过于保护，总是干涉孩子的事情，这也在一定程度上助长了孩子的逆反心理。青少年时期是渴望独立的时期，过多的保护会让孩子内心烦躁不安，产生抵触情绪。父母不可能将孩子成长道路上的所有障碍都清除干净，对孩子的过度保护反而会成为一种伤害。而总是干涉孩子的事情，代表着父母对孩子的不信任、不尊重。只有理解和尊重孩子，才有利于构建良好的亲子关系，因此，父母不要对孩子管得太多，事无巨细都盘问一番。孩子很多事情都不愿告诉父母，也正因为如此，凡是孩子主动告诉父母的事情，父母都应该珍视。同时,父母也要允许孩子有自己的秘密,因为拥有秘密是孩子感悟自我、体验成长的重要方式。

还有些父母希望孩子凡事按自己的要求去做,总是迫切而生硬地把自己的想法说出来,留给孩子的只有执行。这很容易引起孩子的反感,产生所谓的叛逆行为。而聪明的父母会在某个范围内给予孩子充分的自由,让他感到自己也有决策权,这样不仅有利于建立融洽的亲子关系,也有利于孩子的成长。

4. 告诉孩子,讨价还价也要以规矩为标尺

生活中,很多父母都遇到过孩子讨价还价的情形:早上告诉孩子喝完牛奶要刷牙,孩子却要求晚上多看一会儿动画片;晚上想让孩子多弹半个小时的钢琴,孩子却提出弹完要吃 2 块饼干;周末跟孩子说要去上美术课了,孩子却还想玩 20 分钟的积木……

其实,仔细追寻根源,开始时交换条件大多是父母主动提出来的。不妨回想一下,你是否曾经主动向孩子提出过交换条件,或者用一些好处来换取孩子做什么事情,或者在一些原则性的问题上妥协过?你是不是总把条件挂在嘴边?你是否做出了正确的示范?如果父母总是跟孩子谈条件,比如"如果你不好好做作业,就不能吃巧克力了",那么,孩子也会向父母学习,反过来跟父母谈条件:"如果你不让我吃巧克力,我就不好好完成作业。"如果父母总是用一些好处来引诱孩子做事,孩子就会认为,父母要求他做事,他理所当然要得到一些好处;如果父母总是马上满足孩子提出的要求,或者毫无原则地向孩子妥协,孩子就会觉得在父母那里是有机可乘的,其实孩子有时只是想试探一下父母的底线,结果父母妥协了,于是孩子就变得越来越难管了。

孩子经常讨价还价的结果是,父母对局面失去了控制,有时

嘴皮都磨破了，孩子仍然没有做某件事。如果任何一件小事都会引发长时间的谈判，那么父母还会有权威吗？没有了权威又怎么对孩子进行教育？而且，当孩子不停地讨价还价时，父母难免会耗尽耐心，最终情绪失控。这个时候，平和的父母就变成了暴怒的父母。这种从一个极端到另一个极端的变化，常常会伤害孩子。

所以，永远不要和孩子谈条件，而要坚持自己的立场，提出要求并督促其执行。如果孩子想要讨价还价，父母不必过多地解释他为什么要遵守规矩，只需给他一个简明扼要的理由，比如"因为吃饭时间到了"或者"因为我们要出门了"，不要重复规矩的内容。如果孩子仍纠缠不休，父母只需要说："刚才不是已经说过了吗？"不必过多理会孩子的闹腾，因为我们不是在求孩子同意我们的要求，也不是在劝孩子相信我们的话，否则我们和孩子的关系就不平等了，孩子会继续闹下去。

郭倩是一个幼儿园老师，比一般的家长更了解孩子的心理。她的做法就是从来不和孩子讲条件。女儿5岁的时候，有一次尝试着跟她谈条件，说："妈妈，我先看一会儿动画片再吃饭可以吗？"郭倩果断地回绝了："你吃饭是为了长身体，不是为了妈妈，也不是为了爸爸，和动画片更是无关。如果你不吃，妈妈不会强迫你，但是以后长不高长不大不要怪妈妈，反正现在妈妈不能答应你这个要求。"结果是女儿赌气没有吃饭，但后来她再也没有提过类似的要求。

一般来说，孩子讨价还价基本上是围绕着物质奖励进行的，父母平时可以多使用精神奖励，它能满足孩子的自信心、成就感等内在心理需求。比如，用拥抱传达你对孩子的鼓励："我相信你能够做好，你也有责任做好。"

千万不要让孩子觉得父母在求他做事，有的时候，父母可以改变提要求的方式，将自己真正的意图隐藏起来。比如想让孩子把饭吃完，可以说："如果你不把饭吃完，饿了就没有别的东西吃了。"孩子意识到后果不妙后，通常会主动服从父母暗示的要求。

如果因为孩子讨价还价而影响了后续事情的进行，父母可以让孩子自己承担责任。比如孩子因为争论而错过了原定看动画片的时间，就让他哭闹去吧，事后要让他知道错过动画片是因为他讨价还价造成的，责任在他，而且他必须承担这个后果。

在孩子开始参与家庭事务后，面对可能发生的争论，父母应该事先设定一条底线，以便适时结束争论。比如和孩子约定，可以讲条件，但是"最终决定权"属于父母，一旦父母做出了决定，便不能再更改。

阅读小贴士：

如何用好精神奖励？

1. 让孩子做自己喜欢的事情。兴趣是最大、最持久的动力，基于好奇、探索与喜欢而去做自己感兴趣的事情，从中获得的内在乐趣与满足感、成就感、自豪感等，对孩子本身就是最好、最高级别的精神奖励。

2. 语言奖励。当孩子拿着自己的画作向父母展示时，父母的一句"你真棒！画得真好！"无疑是孩子最希望听到的话，因为这是对他努力的充分肯定。

3. 行为奖励。一个满意的微笑、一个赏识的眼神、一个温暖的拥抱、一次赞许的拍肩、一次慈爱的抚摸、一次热烈的鼓掌等,看似简单,却能给孩子带来情感上的满足,让孩子感受到爱和尊重。

4. 荣誉奖励。父母可以为孩子准备一张优秀表现表格,每当孩子有好的表现,就在上面画一朵小红花、五角星、笑脸之类的图案;还可以创造一些荣誉称号,比如"家政小明星""卫生小达人"等。

5. 孩子的规矩教育，应落到他们的心坎上

规矩教育实际上是一门"用心"的艺术，如果规矩教育落不到孩子的心坎上，便很难产生效果。正因为如此，很多父母都在努力探索和了解孩子的心理规律，然后加以利用，从而引导孩子健康快乐地成长，迈向成功的人生。

一是满足孩子求关注的心理。当孩子发现了一个从未见过的东西，看见了一队在搬东西的小蚂蚁，抓到了一只蝴蝶，画出了一幅美丽的画……这些发现、行为，都会成为他快乐的源泉，而且他也希望父母能与他一起分享快乐。面对孩子"求关注"的心理，父母应该积极回应，比如把身体转过来，眼睛看着孩子所说的东西，或者看着孩子，认真听他说、看他的动作，借机问他一个问题，或者点评一下，或微笑、点头，或者回以各种恰当的肢体语言……

二是满足孩子需要被肯定的心理。对孩子来说，父母是他最爱、最信赖也是最依赖的人，父母的心理暗示对孩子意义重大。如果父母能够以积极的语言对孩子进行肯定，用期待、赞许的眼光来滋润孩子的心田，那么，孩子会变得更加自信、自爱、自强。在某种程度上，父母的期望有多大，孩子未来的成就就会有多大。

三是满足孩子对于爱的渴求心理。规矩教育要建立在爱的基础

上，父母在教育的过程中应该多点人情味，这种温情教育可以激发孩子积极向上的心理，使教育达到事半功倍的效果。

四是满足孩子的知情权。父母给孩子立规矩时，需要让孩子了解家庭的实际情况，保证孩子的知情权。这可以让孩子知道某些规矩是在怎样的情况下制定的，为什么要遵守这些规矩，从而使他更充分地了解规矩，不会只顾自己的情绪而忽视、排斥甚至反抗规矩。有时父母会担心孩子接受不了某些事情，其实孩子的承受能力没有那么脆弱，只要不是突然性的打击，适当告诉孩子一些家庭实情，既能满足孩子的好奇心，还能增加他的家庭归属感，使他获得一种受重视的感觉。当然，孩子可能口无遮拦，无意间将家里的事情说给别人听。对此，父母要提醒孩子，不要随便对别人说起家里的事情，尤其是涉及家庭经济状况和家庭成员组成等隐私话题，一定要守口如瓶。

五是满足孩子的安全感需要。安全感是孩子不可或缺的心理需求之一，它可以让孩子感到安心，而在安心的状态下，孩子更能理解和遵守规矩。在建立孩子的安全感时，除了满足孩子基本的生理需求外，父母还需要做到以下几点：长时间、高质量的陪伴；不比较、批评、责备、惩罚孩子，而是欣赏、鼓励、支持孩子；不威胁孩子，不说"你不听话我就不喜欢你了"或者"你不听话我就不要你了"之类的话；鼓励孩子独立，接纳孩子的个性；给孩子树立恰当的榜样；提高自己的情绪管理能力，在言行举止上以身作则。

六是满足孩子对于平等的心理需求。规矩教育切忌高压强迫，而应以理服人。孩子虽然还小，但也有理性，只要父母耐心地讲明道理，孩子还是乐于接受的。即使遇到暂时不太接受的情况，父母通过摆事实讲道理、耐心进行解释，孩子最后往往也能理解和接受。

第三章　立规矩，父母必须遵循的 12 条原则
——父母有原则，孩子才会守规矩

善于立规矩的父母，既可以让孩子在一定的行为界限内快乐地成长，又可以完善他们的心智，培养他们的品格。

1. 立规矩的起点和终点都是爱

从表面上看,规矩貌似是约束孩子行为的准则,实际却是父母爱的体现。苏联教育家捷尔任斯基说过:"谁爱孩子,孩子就爱他。只有爱孩子的人,才能教育好孩子。""孩子最喜欢爱他的人,也只有爱才能培养他,当孩子看到并感觉到父母对自己的爱的时候,他会努力听话,不惹父母生气。"

制定合适的规矩,保护和帮助孩子顺利成长,是为人父母的责任。当然,这也是父母接受孩子挑战的开始,因为没有哪个孩子愿意受到约束,他们会不停地抱怨父母不公平的做法,甚至觉得没有谁的父母会像自己的父母这么讨厌。

对此,父母要让孩子明白,孩子必须接受父母的约束和教导。同时让孩子知道,父母不会以独裁和控制的手段对待他,当他面临危险和困难时,父母会挺身而出,和他一起渡过难关;当家庭遭遇重大问题时,父母也会做出正确的判断和决定,而不会牺牲孩子的权益。

研究证明,在爱的基础上对孩子进行管教,效果最好,也就是说亲子关系应建立在相互尊重、相互合作的基础上。

当父母企图依靠各种规矩让孩子服从自己甚至完全占有孩子时,

其出发点虽然也是爱，却是一种错误甚至畸形的爱。随着孩子年龄的增长，自主意识不断增强并开始反抗父母，这些父母就会恼羞成怒、大发雷霆。于是，孩子守不守规矩就成了亲子之间控制与反控制、占有与反占有之间的矛盾，最终撕裂父母与孩子之间的亲情。

孩子虽然小，但也是家庭中的一员，同样需要受到尊重和肯定。在制定规矩之前，父母应该了解一下孩子的想法，最好跟孩子进行一次充分的讨论，而不是把孩子作为自己的私有财产进行控制。比如，孩子吃饭没有规矩，东挑西拣，用手抓着吃，又或者孩子总是剩下半碗饭，这时父母应该耐心询问孩子是什么原因，是食物不可口、不习惯用筷子，还是真的吃不下。倾听、了解孩子的真实想法，再给孩子制定规矩，什么时间开始吃饭，吃饭的时候可以做什么、不可以做什么。如果调整之后孩子吃饭仍然没有规矩，可以约定相应的惩罚措施，帮助孩子养成良好的饮食习惯。

当孩子在别人家做客的时候没有规矩，见到别人不打招呼，喜欢乱动别人的东西，看到自己喜欢的东西就理所当然地索要，在餐厅追逐打闹，在图书馆大声喧哗时，父母要尊重孩子探索世界的好奇心及其所在年龄段爱玩爱闹的特点，也要教会孩子尊重他人的感受，尊重他人的劳动成果，尊重约定俗成的礼仪。

值得注意的是，家的本质是内心的归宿，需要的是真诚的关怀和亲近，需要的是人情味和同理心。家应该是港湾，而不是监狱。父母要明白，孩子需要规矩，也需要宽容。宽容不是溺爱，更不是撒手不管，放任自流，而是在道德和安全的基础上，允许孩子去做一切他想做的事情。每个孩子都会有无知和调皮的时候，某一阶段在某些事情上不守规矩，并不是天塌地陷般的灾难，也不一定会影响孩子的品性和人格。在孩子不守规矩的时候，父母需要通过合理的方式让孩子理解规矩的重要性，从而心悦诚服地遵守规矩。

2. 立规矩身教胜于言传

不懂尊重的父母，很难教导孩子懂得尊重。不修边幅的父母，不会明白干净整洁对孩子的意义。没有规矩的父母，往往不知道教育孩子懂规矩。

父母是孩子人生的启蒙教师，孩子身上的特点往往可看到父母的影子。

身教重于言传。著名教育家第斯多惠曾经说过："只有当你不断地致力于自我教育的时候，你才能教育别人。"我国有一句古训也说："欲教子先正其身。"父母是孩子成长过程中的主要陪伴者，对孩子有着重要影响。

因为孩子正处于自觉和不自觉的学习过程中，模仿能力非常强，他们的绝大部分能力和习惯都是从他人的言行中模仿过来的，而且大部分是从父母那里模仿过来的。

即使孩子没有表现出来或马上模仿到位，父母的言行举止也会潜移默化地影响他们。比如家庭暴力，很多有家暴行为的人很可能就是因为小时候看见父母吵架而埋下了暴力的因子。也许在孩子面前争吵甚至打架的父母认为不会影响孩子，实际上那一幕已经深深刻入孩子的脑海，并对他们的心理产生了很大影响。

在日常交往中，我们会发现很多人的性格、作风、行为习惯都很像父母，而这并非全是遗传在起作用，更多是受到潜移默化的影响而逐渐形成的。如果父母在各方面都能遵循社会规范，孩子耳濡目染，久而久之也会受到良好的影响，并健康地成长起来。否则，正如鲁迅所指出的："父母的缺点，便是子孙灭亡的伏线，生命的危机。"父母如果不注意自己的形象，就会在孩子面前丧失威信，使孩子的思想意识、价值观念、习俗好恶、道德品质都受到不好的影响。

不用责备打骂、不必苦口婆心，当父母意识到孩子存在种种缺点和不良习惯时，不妨揽镜自照，看看"病根"是不是出在自己身上，因为父母的行为对孩子就是一种无声的教育。

每天晚上7点，全家人一起吃饭的时候，爸爸总是习惯性地打开电视看新闻。时间长了，小程也养成了习惯，吃饭必然打开电视，一边吃一边看，每次吃饭都要花很长时间，最后饭桌上只剩下他一个人。

不久恶果就显现了，妈妈发现小程不仅学习成绩下滑，饭量也变小了。有一天吃饭的时候，小程为了看电视居然连饭也不吃了。看着日渐消瘦的儿子，妈妈实在忍不下去了，冲着小程发了一通火，而且当场关掉了电视。她还规定小程以后吃饭的时候不能看电视，但小程只坚持了几天，又开始一边吃饭一边看电视了。

妈妈针对这件事开了一次家庭会议，经过讨论，全家人一致同意以后吃饭谁都不准看电视，如果要看，可以选择提前吃饭或看完再吃，但要严格遵守看电视的时间，不能违规，大家互相监督。规矩实施一段时间后，小程的学习成绩和体重都逐渐回升了。

很多时候，规矩不仅仅是立给孩子的，父母也要严格遵守，用言传身教的方式让孩子乐于接受教育，而不是在孩子和自己身上搞双重标准。否则，即使父母说得口干舌燥，孩子也不一定听得进去。

相比父母的言语教育，孩子更愿意学习和模仿父母的行为，因为那样更生动形象，也更容易记住。

这可能需要父母做很多的"表演"，甚至做超出自己能力范围的事情，并且要坚持很久。但是，在孩子对父母的行为还没有太强的识别能力之前，这是一种相对容易的引导和教育孩子的方式。此外，孩子从父母那里学到的优秀思想、能力、习惯及观念都是基础和带有启蒙性质的，更进一步则需要通过学校教育、社会历练来实现。因此，这些基础性的示范和引导对父母来说是值得的，父母只需根据孩子的需求变化，做出相应的改变即可。

比如，和孩子一起过马路，父母哪怕再着急，为了孩子也一定要遵守"红灯停绿灯行"的规定；父母要求孩子不能玩手机，不妨给自己也制定一套规矩，然后和孩子一起遵守规矩，这样孩子就会感受到父母也在遵守着铁一样的规矩；当孩子到了可以独立吃饭的年龄，如果还是过于依赖父母，父母不妨狠下心给孩子一些惩罚，让孩子尽快独立，同时培养孩子对规矩的敬畏之心。

另外，父母承诺孩子的事情一定要兑现。言出不行，说话不算数，不仅会降低父母在孩子心目中的可信度，而且孩子也会在无意之间效仿而经常说一些不负责任的话，从而形成一种不良习惯。

阅读小贴士：

社会学中有一个概念，叫"斗室星空"，用来比喻家庭和社会。每一个家庭在社会这个"星空"下，就是一间小小的屋子。当我们坐在屋子里仰望星空，"斗室"的环境会影响我们对"星空"的看法，相反，斗室也可以反映出整个"宇宙"的变迁与发展。也就是说，家庭和社会相互影响，从家庭中也能反映出厚重的社会关系。

3. 立规矩时父母的态度要一致

生活中，很多家庭在不同的情形下，对孩子的教育和规矩也不一致。比如，有的家长心情好的时候，孩子要什么给什么，心情不好了，孩子要什么都不给。还有一种情况：现在很多家庭往往是6个大人围着一个孩子转，爸爸妈妈、爷爷奶奶、姥姥姥爷各有各的想法。

家庭成员教育方法的不一致经常会引发父母之间的争吵，尤其当孩子不听话时，夫妻之间的争吵就更容易发生：双方都觉得自己做得对，总想纠正对方的想法。

这种事情十分普遍，在大多数家庭里都会发生。只要父母不在孩子面前表现出这些分歧，而是以一种想要教育好孩子的态度来对待这些不一致的意见，那么这种"不一致"甚至会引发好的结果。而在有的家庭，这些分歧却使父母"大动干戈"，甚至当着孩子的面争吵，使孩子的自尊心受到很大伤害。下面就是一个典型的例子：

妍妍是个活泼、可爱的小女孩，很讨人喜爱。有一次在家里，她不知道为什么突然发起了脾气，把新买的玩具摔在地上。爸爸把玩具捡起来，并好言好语地跟她讲道理，但妍妍不但不理睬，反而示威似的把爸爸手里的玩具打到地上。爸爸有些生气，就打了她的屁股一下,妍妍顿时放声大哭起来。正在厨房做饭的妈妈听见后,赶紧过来看看发生了什么事,妍妍一见妈妈,哭得更厉害了,并且狠狠地踩了地上的玩具一脚。爸爸把事情的经过告诉妈妈,没想到妈妈却不以为然,还责怪爸爸说:"不就是一个玩具嘛,值多少钱,犯得着打孩子吗?"结果,父女之间的冲突迅速转化为了夫妻之间的口舌之争。

  生活中这种现象并不少见,有些父母总是在关键问题上犯错误,比如在妈妈教育或责备孩子时,爸爸站出来替孩子说话;或者在爸爸责备孩子时,妈妈站出来替孩子鸣不平。又如,爸爸对孩子的学习抓得很紧,但妈妈却觉得丈夫给了孩子太大的压力。写作业时,孩子说自己"英语很烂",并抱怨老师教得不好。这时,爸爸要求孩子端正态度,认真学习,努力提高英语成绩。妈妈却说:"他已经做得很好了,还能怎么做!"爸爸反驳道:"如果他做得很好,就不应该抱怨老师,而且成绩也不会这么差。"于是,矛盾转移了——父母开始针锋相对,妈妈回应道:"就是因为你对他要求太高了,他才这样,你对他太苛刻了!"很显然,孩子惹出争论以后,并没有被追究责任。夫妻之间针锋相对造成的紧张气氛,往往导致孩子更加冲动,而且不会使孩子学会对自己的行为负责,更谈不上有进步了。

  所以,规矩教育要有一致性,这是规矩有效的一个重要前提。父母在教育孩子时应尽量保持一致。如果是有祖辈参与教育的家庭,应该注意隔代教育只能是亲子教育的补充,不能代替亲子教育。家庭里必须由一个人负最后的责任,不要在孩子面前指责另一方的规矩,否则,孩子可能会趁机"离间"父母,从而造成父母婚姻中无法弥补的裂痕,因为弱势一方会觉得自己被强势一方所压制,从而产生抵触心理。如有必要,夫妻还可以参加一些培训班,一起学习如何做好父母。

如果对孩子的教育理念存在分歧，父母可以私下沟通交流。当着孩子的面争论，不仅会降低规矩的可执行性，而且会让孩子无所适从。

为了避免朝令夕改，父母在实际操作中应注意两点：一是把重要的规矩写下来，以便时刻提醒自己；二是控制自己的情绪，仔细分析孩子的行为，根据孩子的行为动机来决定惩罚措施，不能随心所欲。

4. 规矩意识从小培养

人们常说"三岁看老",这是有一定道理的。孩子成长的关键时期是0~6岁。也就是说,如果父母在孩子6岁之前没有给孩子良好的教育,没有让孩子学会遵守规矩,尊重他人,那么孩子长大以后,也不会突然化身为小天使。

杜布森博士在《勇于管教》中谈到规矩时说:"如果悬崖边上设有栏杆,那么人就敢靠着栏杆往下看,因为不会害怕摔下去;如果没有栏杆,大家在离悬崖很远的地方就停住了,更别说站在悬崖边缘往下看了。栏杆就是界限,知道界限(规矩)的孩子会有安全感,相反,没有界限的孩子没有安全感,因为他不知道安全的尺度在哪里。"

父母终究无法陪伴孩子一生,总有一天要目送孩子远去。如果说有什么是父母能为孩子做的,并且让孩子受益终身的事情,那就是给孩子全部的爱,并教会他做人做事的规矩。下面这个例子是一个反面的教训:

从前有一位富翁,年近五十才得了一个儿子。老来得子的富翁,对这个儿子真是捧在手里怕摔了,含在嘴里怕化了,什么都依着他。在富翁的娇惯下,孩子慢慢养成了一些毛病,谁的话都不听,不高兴了不是张嘴骂人，就是动手打人，简直是横行霸道。但富翁还觉得挺好，孩子长大了肯定吃不了亏。而且，他总觉得儿子还小，不懂事，因此对儿子一直采取宽容、放任甚至纵容的态度。

随着年龄渐长，儿子的恶习不断膨胀，胆子也越来越大。到十七八岁的时候，他常常偷拿父亲的钱到外面吃喝嫖赌，常常一掷千金，输得干干净净，但他毫不介意，觉得父亲有的是钱，输了可以再去偷！

后来，富翁知道了这件事，非常生气，觉得再不管不行了。一天，他来到赌场，当着众人的面把儿子痛骂了一顿，没想到儿子不仅不知悔改，反而恶狠狠地指着他的鼻子骂道："你这个老不死的，竟然敢骂我？你给我小心点，我迟早要弄死你！"

富翁听了气得浑身发抖，差点没背过气去。回到家后，他想，儿子虽然是在气头上才说出这样的话，但也不能不防着点。当天晚上，富翁把一只小木桶放在铺好的被窝里，伪装成有人在睡觉的样子。他自己则悄悄地躲在暗处观察着。果然，半夜时分，儿子轻轻推开房门，蹑手蹑脚地走进屋来，一到床前就怒气冲冲、咬牙切齿地举起手里的大斧头，狠狠地向床上的被子乱砍了一通。只听"啪"的一声，小木桶碎了，儿子以为是父亲的脑袋被砍碎了，丢下斧头仓皇逃走了。

光阴似箭，一晃10多年过去了，富翁已经80多岁了。暮年孤独，苦不堪言，睹物兴怀，百感交集。他虽然恨儿子，但仍然希望儿子能够改邪归正、重新做人，回到自己身边来。

一天，富翁在一个桑园里独自散步。忽然，一个30多岁的农夫向他走过来，用手指着身旁一根很粗的老桑枝，礼貌地对他说："老人家，请您把这根老桑枝弯过来。"

富翁笑了笑，摇着头说："老桑枝已经那么粗了，哪里还能弄得弯呀！"

农夫说:"是啊,桑枝要从小弯,孩子要从小教啊!"

富翁听了这句话,不由自主地想起了自己的儿子,禁不住老泪纵横,后悔自己没有从小管教好儿子。这时,只听农夫又说:"您仔细看看,我是谁?"富翁上下打量,这才发现站在自己面前的就是那个失散多年的不孝之子。

不少父母抱持着一种观点:孩子还小,等他们长大懂事了再定规矩也不迟。事实证明,规矩越早定越好。研究发现,2岁以前的孩子普遍缺乏安全感,这个时候,父母要全身心地、无条件地关爱和呵护孩子。2岁以后,孩子开始尝试探索,自主能力逐渐提高,初步具备了一些简单的判断能力。这个时候父母就应该给孩子立规矩,培养孩子的规矩意识。也就是说,给孩子立规矩最迟不得晚于2岁。

孩子越小,可塑性越强,而且年龄小的孩子对父母有一种莫名的崇拜,父母让他做什么,他通常会照着做。而等孩子渐渐长大,到了青春期,可能就不会对父母言听计从了,甚至还会对着干,所以,等孩子到青春期再培养其规矩意识显然就太迟了。而且规矩意识不是一朝一夕就可以养成的,伴随着孩子的成长,需要不断地重复和纠正,这是一个漫长的过程。

当然,父母制定规矩时不能脱离孩子的生活,也不能脱离孩子的能力水平,而要使用他所在年龄段能够接受和理解的方式。比如,系鞋带需要孩子具备一定的手眼协调能力和手指力量,孩子的能力发展水平也不太一样,如果看到别的孩子能做到,便强求自己的孩子也马上做到,就不切实际了。

罗马不是一天建成的,规矩也不是一天就能教好的。从小不给孩子立规矩,孩子长大后就会成为一个没有规矩的大人。时间能改变的,只是他的破坏力和捣蛋的程度。所谓的等孩子长大就会变好,只是有些父母一厢情愿的想法。

5. 不同年龄不同规矩

孩子1岁时抢小朋友的玩具，因为他以为凡是他看见的就是自己的；2岁时，他不肯让别人玩他的玩具，因为他不懂分享；3岁时，他经常把"不"挂在嘴边，因为他想要自己做主。即便不考虑孩子们性格上的差异，他们在不同的年龄阶段，也会有不同的思维和行为方式。八九岁的孩子可以轻松地理解"不能以大欺小"，但五六岁的孩子则无法理解这一点，因为他们往往是被欺负的对象。另外，对于学龄前的孩子来说，要求他写一手漂亮的毛笔字，是很不现实的事情。

谢诺现在就犯了这个认识上的错误，她对于孩子玩完玩具后不归位这件事感到很焦虑，尽管她一再跟孩子强调归位的规矩，但孩子总是不听，其实孩子刚刚一岁半。对于2岁以内的孩子来说，即使制定了玩具玩完后要归位的规矩，他也很难做到，这是因为他的身体和心理还没有发展到能理解和接受这一规矩的程度。

所以，父母在制定规矩时一定要考虑孩子的年龄阶段和发展特点。如果教育得过早，孩子可能会觉得莫名其妙——我根本没有这样的问题，凭什么教训我？他会觉得这是父母故意找碴儿，进而产生抗拒心理。另外，过早给孩子立规矩，也容易导致孩子早熟，影响孩子的成长。比如过早向孩子灌输不要早恋的问题，反而使孩子更关注这方面的问题，在好奇心的驱使下摘下早恋的"苦果"，使父母的担忧变成了现实。

所以，父母最好不要超前给孩子制定不切实际的规矩，否则不仅父母焦虑，孩子也很痛苦。试想，如果一个六七岁的孩子像大人一样老成持重，将是多么可怕、残忍的事情。如果孩子很小就开始像大人那样生活，像大人那样思考问题，那么他的童年还有什么乐趣可言，他的人生又有什么意义？

为了把握孩子不同年龄的特点，父母可以查阅相关资料或者参加婴幼儿教育方面的课程，了解孩子在各个年龄段可能会出现的问题，进行针对性的教育。

一般来说，两岁半以前的幼儿，不是哭就是闹，不能控制自己的行为。在这个阶段，父母不要动不动就发脾气，在保障孩子安全的前提下，可以适当满足孩子自由成长的需求，不要过度约束孩子的行为，否则孩子会因为压抑而过早出现逆反心理。

孩子3岁左右，随着年龄的增长有了一定的自控力。父母可以考虑培养其规矩意识，但这时孩子还处于"感受期"，无法理解父母的说教。对此，父母可以通过表情、情绪、语气、行为，表达自己对某件事的看法、意见和做法，让孩子慢慢感受和学习哪些事是能做的，哪些事是不能做的，逐渐建立起对于规矩的认知。

孩子6岁以后，父母可以跟孩子讲道理、提要求，清楚地告诉孩子哪些是对的、哪些是错的，明确说出孩子不遵守规矩的后果，及时纠正孩子的不良行为，让孩子不仅能感受到规矩，还能以实际行动遵守规矩、执行规矩。当孩子做得正确的时候，父母适时进行表扬，可以增强孩子的自豪感和自信心，强化规矩的正面意义。

6. 立规矩要符合孩子个性

世界上没有两片相同的树叶,更没有两个完全相同的人。不同的教育方式和成长环境,会培养出气质、性格完全不同的孩子,并导致他们的行为、意识各不相同。因此,父母应该认真观察、了解孩子,采取最合适的方式去管教孩子。

很多时候,用同样的方法教给不同性格的孩子同样的规矩,效果可能截然不同。比如,外出时遇到长辈,父母要求孩子叫"奶奶",活泼外向的孩子会爽快地叫一声,而内向胆怯的孩子则会躲在父母身后,这常常让父母觉得没面子,于是采取威胁性的做法,比如说:"再不叫我就不喜欢你了!"结果是孩子泪眼蒙眬,大人也未必能达到目的。其实,遇到这种情形,父母不妨主动揽过孩子:"我们和奶奶还不是很熟,等以后熟了自然就会叫了。"这样做既可以避免威胁孩子,也能取得对方的理解。

每个孩子都有自己的个性特点,父母在制定规矩的时候不能违背孩子的独特个性。

比如,活泼好动的孩子总是喜欢探索新鲜事物,热爱自由,不喜欢受到规矩的束缚,但是他往往十分乐观。对于这类孩子,父母要避免采用传统刻板的教育方法,可以运用活泼有趣的方式对孩子进行引导教育。

乖巧文静的孩子，不喜欢与人发生争执，往往习惯忍耐。对于这类孩子，父母不要过分催促他，有时可以用提问的方式让他明确父母的立场和意见。

性格敏感、谨慎的孩子，受到批评时往往容易情绪崩溃。对于这类孩子，父母要给予一些明确的指导，及时表扬孩子的良好行为，批评孩子时可以用一些小提醒作为开头。有时候只需在孩子犯错的时候，看着他并小声呼喊他的名字，就足以改变他的行为。

热情、冲动、有活力的孩子，往往很难老老实实地坐着或者把精力集中在一个特定任务上，他对各种新事物始终保持热情。对于这类孩子，父母应该制定清晰的规范，经常向孩子重复自己的规定和期望，规矩一旦制定，就不要轻易改动。因为孩子很容易走神，父母在强调重要的事情时，要看着孩子的眼睛。动作上的"连通"也是吸引其注意力的好办法，比如，说话时把一只手放在孩子的肩膀上。如果孩子犯了错，试试给他一段反省的时间。有时孩子只是需要休息一会儿，当他感到愤怒或者挫败时（同时因为他的不合作也让父母感到愤怒），分开几分钟可以让父母和孩子得以重新调整状态。很多时候，弥补错误能让冲动型的孩子找到承担责任的正确方法，比如当他破坏了其他孩子的沙堡，让他帮忙再搭一个；打碎了杯子，让他多做家务作为补偿。

生性随和、没有什么主见的孩子，很少与人发生争吵，通常愿意做父母吩咐的大部分事情。但也正是因为他喜欢听从别人的意见，一旦遇到爱惹是生非的孩子，他可能会让自己陷入麻烦。对于这类孩子，父母应该设法增强其自信心，让他不要盲目跟随别人。当其他孩子不遵守规矩时，可以教他这样说："我觉得这样做很没意思，我们去干点别的事情吧。"

喜欢自己做主、个性较强的孩子，通常目标明确，不肯轻易妥协，做事勤奋、坚持，是天生的领导者。他需要时常感受到自己对环境拥有的掌控能力。对于这类孩子，父母可以给他一些选择而不是命令他，比如"睡觉时间到了，你是想先换上睡衣还是先刷牙？"或者巧妙运用"和大人比快慢""与时钟赛跑"的方法去激励他，比如"你能在我数到50之前把地板上的玩具收好吗？"

也许孩子会喜欢反复练习自己说服别人的本事，但当他变得蛮不讲理时，不用理会他，只需告诉他"我不喜欢你的态度"，然后坚决地走开。当他遇到难题时，和他共同思考解决问题的方法："我知道你想让弟弟安静一些，以便专心写作业。但是弟弟还小，做不到完全安静。不如我们一起来想想办法，看看怎样才能帮助你重新集中注意力好吗？"勤奋努力的孩子通常愿意为了得到父母的表扬和奖励而好好表现，所以，当孩子表现良好的时候，不妨给他一些物质上的奖励。

阅读小贴士：

不同的夫妻相处模式对孩子性格的影响：

1. 夫妻恩爱、关系和睦的家庭，孩子的性格会更加平和、开朗、不轻易动粗，并且会对婚姻产生美好的感觉和向往。

2. 夫妻爱争吵、打架的家庭，孩子的安全感会受到很大冲击，并且因为耳濡目染变得喜欢暴力、脾气暴躁，像父母一样大吼大叫。

3. 母亲强势、父亲懦弱的家庭，男孩性格会胆小、自卑、懦弱、没有担当，女孩则会对强势的母亲表示认同，久而久之也变得强势。

4. 夫妻相互指责的家庭，孩子性格敏感、爱找借口、执拗，而且不会尊重父母。

5. 夫妻感情淡薄的家庭，常常通过孩子来交流或维系家庭，结果，孩子被过多关注或干涉，性格变得任性和自私。

6. 夫妻离异的家庭，孩子性格冷漠、没有安全感，更易发生犯罪，产生焦虑、抑郁、敌对、报复、冷漠等心理障碍。

7. 合理的规矩预期

父母向孩子提要求是绝对有必要的，因为孩子自我约束能力差，需要有人帮他树立目标并敦促其前进。但是，这种要求和期望应该现实一些，如果孩子基础较差，就不要定过高的目标。一旦孩子觉得自己和这个目标差距太大，就会丧失信心，产生自卑感，长期下去，对孩子的一生会产生严重的不良影响。一般来说，给孩子树立一个"跳一跳就能够得到"的目标是最合适的。教育心理学家认为，对孩子提出恰当的期待和要求，更容易产生良好的"期待效应"。

霖霖很喜欢看动画片，只要电视开着，他能看上一整天。有一次，妈妈算了一下，发现霖霖每天看动画片的时间长达6个小时。为了霖霖的身体健康并保护他的视力，妈妈决定将他每天看电视的时间减少到2个小时，剩下的时间带他到公园去玩或者做其他事情。

在确定了规矩预期后，妈妈告诉霖霖以后每天只能看2个小时的动画片。霖霖对时间还没有什么概念，于是很痛快地答应了。

第二天，霖霖又看动画片，妈妈一到时间就直接将电视关了。这下霖霖不干了，又哭又闹，非要妈妈将电视重新打开。妈妈一边给他讲道理，一边安抚他，但就是坚决不开电视。母子俩僵持了许久，最后霖霖被哄睡着了。妈妈基本实现了自己的预期，但是效果并不是很好，因为霖霖在这段时间里一直在哭闹、赌气、发脾气。

第二天，妈妈关了电视后，提议带霖霖去公园的游乐场玩，顺便锻炼一下身体。霖霖高兴地答应了，这一次他玩得很开心。

孩子都渴望自由，喜欢无拘无束，这是他们的天性。父母设立的规矩无形中会对他们产生一定的限制。一些从小规矩意识较强、自控能力较好的孩子比较容易遵守规矩，但是对于长期自由散漫的孩子来说，规矩无异于精神枷锁。

当孩子表现不好时，父母往往会认为是孩子的态度有问题，比如觉得孩子不认真，不听话，没有尽力。实际上，孩子可能一直都在努力，只是他的能力暂时没有达到父母所期望的水平。对此，父母要摆正心态，顺应孩子的成长规律。立规矩是为了鼓励孩子做正确的事情，而不是为了打压其天性或自信心。孩子能做到什么程度，就让他做到什么程度。假如孩子真的用心了努力了，应该赞许孩子的努力，并顺势指导一下，激发他的潜能。即使孩子确实没有尽力，父母也可以给他一个提醒，多一些鼓励和支持，调动其积极性，相信孩子以后会做得更好。

时刻记住，规矩是给孩子定的，往哪个方向努力，努力到什么程度，应该以孩子为主。父母可以问问孩子想要实现怎样的小目标，然后按照孩子的目标确定方向，这样孩子才会愉快地遵守规矩。

不要指望孩子一味听从父母的指挥，尽管这样确实会让父母的日子过得轻松自在一些，却可能使孩子变成一个被动消极、毫无主见的人。所以，父母要允许甚至欢迎孩子对父母的要求或命令提出疑问，而不是把孩子的质疑看作是对父母权威的挑战。

8. 立规矩要明确而具体

孩子越小，要求就要越明确。不过，明确的指示只有用正面的话语表达出来才会有效果。当然，要想一直找到正面的语言来表达并非易事，父母往往更容易说出"你不应该……"这样的话。即使如此，也千万不要放过任何试着说出正面指示的机会。

有位妈妈说："吃饭时我总是为孩子打翻牛奶或是弄得到处都是食物残渣而生气。现在，我往往不会说'不要把牛奶滴得到处都是'或'注意，你的杯子马上要打翻了'，而是说'宝贝，请把牛奶留在杯子里'。这样说让孩子觉得很好玩，笑得乐不可支，但是效果真的不错！"

相信很多人都在公园里看到过"不要摘我，我很疼""小草微微笑，请您旁边绕""踏入想一想，小草也在长"之类的提示语，这是在告诫人们，不要乱摘花朵，乱踩草坪。这样的提示语简单明了，大家一看就明白。给孩子制定的规矩也应该这样，关键在于简单、明确，孩子容易理解。

美国前总统奥巴马有两个女儿，在她们分别10岁和7岁的时候，他制定了9条家规，内容并不复杂，但操作性很强，而且极具意义。

家规1：不能有无理的抱怨、争吵或者惹人讨厌的取笑。

家规2：一定要铺床，不能只是看上去整洁而已。

家规3：自己的事情自己做，比如自己冲麦片或倒牛奶，自己叠被子，自己设置闹钟，自己起床。

家规4：保持玩具房的干净。

家规5：帮父母分担家务，每周可得1美元。

家规6：每逢生日或是圣诞节，没有豪华的礼物和华丽的聚会。

家规7：每天晚上8点30分准时熄灯。

家规8：安排充实的课余生活，如跳舞、排舞台剧、弹钢琴、打网球、玩橄榄球。

家规9：不准追星。

我们可以发现，奥巴马最重视的还是规矩的养成，而且都是生活中切切实实可以操作的事情。

如果想让孩子提高写作业的效率，与其说"别磨蹭，快点写，写完了早点睡觉。你看妹妹每天早早就完成作业了……"不如说"你必须在8点之前完成作业"，这样说更直接有效。

如果想让孩子按时按点吃饭，与其说"快吃吧，要不然我们都吃完了，那就没你的份了……"不如说"现在不吃饱，饿了就没东西吃了"，更能提高孩子准点吃饭的意识。

另外，有些事情做起来确实有点难度，但是在给孩子提要求的时候，应该尽量简明扼要。很多父母在给孩子制定规矩时，总想面面俱到，说了很多注意事项，结果却事与愿违，孩子似乎把父母的话当作耳旁风。这是因为，父母说得越多，孩子越难从中找到重点，不理解或不愿听是很正常的。所以，父母要放慢语速，用简单、具体的词汇进行表述。比如想让孩子把积木收拾好，不要简单地说"把东西收拾好"或"整理好房间"，而应说"把积木装回积木桶里"，明确的规矩会让孩子乐于去做，也在无形中提高了他的理解和实践能力。即便是年龄较大的孩子，也需要明确的指令。因为不同的孩子对规矩的理解也不一样，比如面对把地板收拾干净的要求，有的孩子认为玩具不在地上就算整洁了，而父母的要求则是把玩具整理后归类，分别装入不同的箱子，然后放在整理架上。

　　定规矩的时候，不要让孩子自己去做程度判断。有时大人会认为，开玩笑的打打闹闹没有问题，但是把人打疼了就不可以。成年人喜欢针对每件事的程度定规矩，但年幼的孩子却会感到困惑，所以，父母最好一开始就告诉孩子，不可以打人，无论轻重；不可以摸电线，无论有没有电。举个极端的例子：一个3岁的孩子偶然喜欢上了撕钱，一元两元，父母觉得挺好玩，也不阻止，等孩子撕到100元时，父母受不了了开始制止，结果，孩子因为不能理解而大哭大闹。

　　如果孩子经常注意力不集中，或者父母不确定孩子是不是真的明白了父母所说的话，可以让孩子复述一遍规矩，这样做会很有帮助，它能让孩子更加遵守规矩。比如，父母说完规矩后，孩子表示"明白了"，父母可以对他说："既然你明白了，那就请重复一遍吧。"孩子重复的时候，父母可以纠正他说错的地方，然后对他说："好，现在就去做吧。"

　　制定规矩后，还要给孩子创造一个良好的执行环境。比如，孩子不好好吃饭，家里就不要储备过多零食，而且父母在家的时候应该准点吃饭。此外，父母还要让孩子感受到规矩存在的氛围，比如带孩子去公共场合，让他看看大家是怎么排队、怎样遵守公共场合的规矩的。

　　同时要让孩子知道，无论何时何地都要遵守规矩。不能乱扔垃圾，在家里不可以，出门同样不可以。如果父母立下了规矩，就不要在前面加上定语。今天不能乱扔垃圾，明天也不能；在父母面前不能乱扔垃圾，在爷爷奶奶面前也不能，这样孩子才不会感到困惑和无所适从。

9. 立规矩事先讲明"后果"

生活中，孩子认真执行规矩所带来的成果，以及不遵守规矩所产生的不良影响，都可以看作是后果。孩子的行为所产生的后果有些是自然而然的，有些则需要父母的纠正。

说到后果一词，很多人更容易联想到其消极含义——就像电视节目里那种快速问答，如果答错就要品尝"后果"。需要注意的是，惩罚仅仅是后果的一种。

（1）自然后果：这是孩子的行为不经父母干涉而自然得到的结果，是典型的因果关系。

下面是一位妈妈的亲身经历：冬天天气很冷，但是家里有暖气，所以很暖和。孩子每天早上起来总是不愿意穿棉裤，一方面穿起来很麻烦，另一方面孩子穿上棉裤行动也不太方便。但是总不能冻着，于是妈妈每天都站在一旁盯着孩子把棉裤穿上。一天早上，妈妈正催促孩子穿衣服，电话突然响了，妈妈跑去接电话。等她接完电话，孩子已经背上书包出门了。妈妈本想给孩子送棉裤去，但她转念一想，每天穿个棉裤都这么费劲，今天就让他冻一冻，尝尝被冻的滋味。中午时，妈妈在厨房做饭，孩子回来了，连招呼都没打就冲进自己的房间，妈妈过去一看，发现他正在卧室里穿棉裤呢！

（2）恰当后果：这是在父母的纠正下，孩子的行为所产生的后果。其中，父母的纠正过程不仅照顾了双方的自尊心，而且没有暴力、暴怒或者羞辱。这是一种典型的积极约束策略。

（3）惩罚：在这种后果中，父母的行为（通常是在愤怒中）让孩子品尝到了痛苦、失落、羞愧，或者忍受"应得的下场"。不同于父母的规劝，惩罚不是告诉孩子哪里做错了，下次不要再犯，而是让孩子为犯下的错误付出实际代价。一般来说，惩罚非但不会让孩子反省自己，反而会激发孩子的愤怒甚至复仇心理。有鉴于此，建议父母不要轻易选择惩罚的方式。

父母在制定规矩后，一个重要工作是将孩子遵守或者不遵守这些规矩所产生的后果直观地展现给孩子，其中包括孩子遵守这些规矩后某一方面得到的提升。很多时候，孩子之所以不按父母的要求行事，主要是因为他根本不知道会产生什么后果。一旦他意识到事情的严重性，可能就不会肆意而为了。所以，父母应该事先告诉孩子犯错的后果是什么，一来起到明确警告的作用，二来提高孩子的规矩意识。

首先与孩子保持眼神交流，再叫一遍孩子的名字，让他看着你，对他说："如果你不收拾好玩具，我会亲自替你收拾，然后将它们没收，你以后就别想再玩了"或者"如果你再不关掉电视，我会亲自关掉，而且你今天也不能再看电视了"。

一般来说，孩子两三岁时便有了一定的心理承受能力，所以能够承担一定的责任。比如孩子弄坏了自己的玩具，父母可以对他说："玩具是你自己弄坏的，以后你再也玩不了这个玩具了。"这是在提醒他，玩具是他自己弄坏的，那么后果也要由他自己来承担。如果他不好好对待其他玩具，可能还会承担同样的后果。对此，孩子可能会哭闹一阵，但也会开始思考，并适当收敛自己的不当行为，以后再玩玩具时可能就会加以珍惜。

值得注意的是，如果父母提醒之后，孩子仍然我行我素，那么，父母一定要及时兑现后果。兑现后果越及时，效果越明显，孩子越能从中吸取教训，也越能将行为和相应的后果联系起来。在兑现后果时，父母应该保持冷静，态度要坚决、果断。即使有时无法马上兑现后果（比如让孩子提前半个小时上床睡觉），父母仍然要向孩子宣布后果，然后在恰当的时间执行。比如，没收玩具一天或几天；今天不许再看电视；今天不能再玩游戏；提前半个小时上床睡觉；今天不能吃零食。对于8岁以下的孩子，父母还可以把孩子放到椅子或沙发上，或者房间的一角，让他在那儿待两分钟左右。时间一到，让他离开面壁思过的地点，并立即完成父母之前定的规矩。如果他仍然拒绝，继续让他面壁思过，如此反复，直到孩子服从为止。这种方法对2~5岁的孩子比较有效。切记不要用极端手段恐吓孩子，否则只会白费力气。

当然，并不是所有后果都要让孩子自己去承担。有些危险的后果，比如孩子因为好奇打开了天然气阀门，或者打碎了玻璃，父母可以提醒他，但不要让他自己去处理，只需让他意识到问题的严重性，以后不再鲁莽行事就可以了。父母也可以将这些内容作为规矩的一部分，以提醒孩子注意。

如果孩子还小，无法意识到自己的错误，这就需要父母马上制止孩子的不良行为，并做出相应的惩罚。比如逛超市时，孩子总是在货架的通道里跑来跑去，父母应该马上把他抱进购物车，告诉他这次购物他必须坐在里面，而不是说"下一次购物你要坐在购物车里面"。另外，有些违规行为是绝对不允许的，因为稍不注意就有可能危及孩子的生命，比如误吃药片、触电、烫伤等，父母要用孩子能够理解的语言和方式，让他明白生命的可贵，以及这些违规行为可能造成的无法挽回的恶果。

有些孩子明明知道需要遵守规矩,但总是明知故犯,经常买东西不排队、不讲礼貌、过马路不遵守交通规则……即便知道自己犯了错,也总是改不了。尤其是学龄前的孩子,跟他们说明违规的后果,他们往往不明白。对此,父母可以让孩子看一些相关的绘本或者动画片、视频,让孩子意识到后果的严重性,这样孩子才有可能重视规矩并严格遵守。如有必要,父母可以在孩子看的时候进行解说:"看,他违规了,所以受到了惩罚。"这可以让孩子受到最直观的教育。

10. 规矩不能变来变去

父母制定的规矩需要坚持，开始是怎么做的，后面也必须坚持下去。只要出现了一次例外，前面定的规矩很可能就白费了，还要重新开始。也就是说，不能今天出现了这种行为给一巴掌，后天出现了这种行为又给个甜枣吃。一开始说不准饭后吃零食，就要坚持以后每次都不给；一开始说写完作业了才能出去玩，中途就不允许以任何借口离开；一开始说好了对其他人不能有粗鲁的行为，就不允许有例外。

如果父母总是随意更改自己制定的规矩，或者制定规矩后又不严格执行，会让孩子认为父母给他定规矩是不谨慎的，同时还会对自己要遵守的规矩产生怀疑。孩子之所以遵守规矩，除了因为父母的威严之外，还因为他认为这些规矩是有利于他健康成长的。当父母变换规矩时，孩子要么怀疑父母的能力，要么怀疑规矩本身的作用。长此以往，孩子就会漠视父母和规矩。

此外，规矩朝令夕改还容易引发亲子之间的对立。孩子会认为父母完全不考虑他的感受，只是通过随意制定规矩来彰显父母的权威，更好地管束他，而不是真正地为他好。

试想，如果你和别人约定了一件事，但是对方突然告诉你："对不起，我觉得原来的约定不适合我了，咱们改成……"而且，对方不等你同意就独断专行，并按照新的约定来要求你，你会不会产生不解、愤怒和委屈的情绪呢？如果会的话，那么孩子的心情你也应该能体察一二。

刘女士很想通过给女儿立规矩来培养其自理能力，比如自己穿脱衣服、自己刷牙洗脸等。但有时她工作一忙，回家看到孩子不守规矩、耍赖、哭闹，心里就特别烦躁，只好妥协替女儿做这些事，以便女儿安静下来。等她闲下来再想重拾规矩，却发现女儿已经不把规矩当回事了。

卢先生性格比较急躁、情绪化，有时还会迁怒孩子。他跟儿子约定，每次去商场只能买一样东西。可是他心情好的时候，儿子便可以多买几样；他心情不好的时候，儿子就一个也不能买。

高兴时不行也行，不高兴时行也不行——这样带着个人情绪来教育孩子的父母并不少。这种做法不仅会使教育前功尽弃，还会影响孩子对事情是非对错的判断，容易养成孩子看别人脸色行事的习惯，影响孩子阳光心态的培养。

规矩一旦定下，大家都要遵守，绝不是对孩子单方面的要求。除非客观事实发生了重大改变，彼此相处时的需求也发生了很大变化，才需要考虑改变规矩。

所以，父母给孩子制定规矩时一定要慎重。首先要对规矩的利弊及可行性进行分析，一旦向孩子宣布，就要切实监督执行。即使更改也应该是在一段时间后进行强化或者减轻程度，而不是进行颠覆式更改。

11. 奖惩都有规矩

对孩子该奖不奖，该罚不罚，这是最典型的放任自流的家庭教育；高兴了就奖，生气了就罚，这是最不负责任的家庭教育。生活中，很多父母经常对孩子奖罚不明，这应该引起高度重视。尽管目前对于如何对孩子进行奖惩仍存在很大争论，但有一点是毫无疑问的：孩子正处在是非观和性格形成的关键时期，适当的奖励可以让他们保持积极向上的良好心态，适当的惩戒可以培养他们高度的责任感以及适应学校和社会生活的要求。

小约翰·洛克菲勒是全世界第一个拥有10亿美元财产的大富翁，家庭财力远非普通人家可比，但他对5个儿女的日常零用钱却十分"吝啬"，规定儿女们的零用钱因年龄而异：7～8岁时每周30美分，11～12岁时每周1美元，12岁以上者每周2美元，每星期发放一次。他还给每个孩子发了一个小账本，要求他们记清每笔支出的用途，领钱时交给他审查。钱账清楚、用途正当的，下周还可递增5美分，反之则递减。同时，孩子们做家务还可以得到报酬，补贴各自的零用。例如，捉到100只苍蝇能得10美分，逮住一只耗子能得5美分，垛柴、除草又能得到若干奖励。

由于宗教信仰，洛克菲勒自己不抽烟，也不赞同儿女们抽烟。他规定20岁以前不抽烟的儿女可以得到2500美元的奖金。当他发现大女儿抽烟后,就毫不客气地取消了她的奖金。

洛克菲勒的奖惩明确的家规,使孩子们明白了金钱的意义,以及怎样明智地花钱。同时,在物质的激励下,孩子们学会了节制和控制自己的欲望——为了一个目标而自律。更为重要的是,孩子们从中得到了教诲——要为有价值的事情而奋斗。

如今在不少家庭中,父母总是在滥用奖励,以为这样能起到激励孩子的作用。实际上,用奖励的方式去制止孩子的错误行为,无异于贿赂。这样做也等于暗示父母制定的规矩是多余的。

孩子做对了才给予奖励,这才是正确的做法。父母应该事先向孩子说明做到哪些事情才可以得到奖励,让孩子有一个明确的目标。另外,目标不能定得太高,否则孩子会因为难以实现而放弃努力。

当孩子表现良好时,父母可以额外给孩子一个奖励,比如睡前多讲一个故事,或是多看一集动画片。这种对于奖励的渴望,可以让孩子学会自我约束。如果孩子较大或已经懂事,则不需要过度奖励,否则会造成孩子功利心过重。最重要的是,给孩子奖励的时候,不要忘记表扬他的好行为。有人认为,对于孩子来说,精神激励比物质奖励更有效、更持久,但是,原则范围内的物质奖励还是有必要的。只要物质奖励得法,孩子便会明白按规矩做事是有好处的,不仅可以得到父母的赞美和鼓励,还可以得到额外的物质奖励,下一次他就会更自觉地按规矩行事。实践证明,恰当的物质奖励见效快,如果把握恰当的话,不仅可以防止孩子滋生虚荣心或者其他不良习性,还会让孩子主动做出改变,成为更好的自己。

当然,表扬和鼓励不仅包括物质方面,还包括精神方面。有的时候,父母一个简单的举动,如一个亲吻、一个微笑、一个拥抱,已经足以让孩子深深感受到父母的爱意。

当然,在培养孩子的规矩意识时,除了善用奖励外,惩罚同样是不可缺少的。对于孩子来说,惩罚除了能让他意识到父母的权威之外，还能让他意识到自己的错误将给自己带来伤害或损失。孩子的这种认识一旦产生，将对父母的其他教育方式起到促进作用。

不过，与奖励相比，很多父母在惩罚孩子时难免会有些犹豫。因为奖励隐含着父母对孩子的关爱，这是父母很乐意做的事情，而且永远不会嫌多。但在对孩子实施惩罚时，父母则要与自己的"感性天性"做斗争，虽然知道适当惩罚会对孩子的成长起到积极作用，但是真正实施起来并不容易。

很多父母在孩子犯错后习惯说下次不要再犯，但是这一次的惩罚都没有做到位，孩子下一次一定会继续犯错。所以，不要总把希望寄托在下一次，最好这一次就让孩子牢牢记住。在孩子犯错后，及时宣布惩罚措施，兑现惩罚后果，不要有丝毫迟疑。有时孩子会对惩罚表示服软，企图躲过惩罚，但父母不能轻易妥协，而要告诉他："已经太晚了，你犯了错，必须接受惩罚。不过下一次，我希望你能遵守规矩。"因为孩子已经承担了自己犯错的后果，也接受了惩罚，所以这个"下一次"才会有效，使孩子做出相应的改变。

在惩罚的方式上，除了打骂、罚站等传统做法之外，还有很多可以替代的惩罚行为。比如让孩子做一些家务，尤其对不喜欢干家务的孩子，这种方法更加有效，不但教育了孩子，还提高了孩子做事的能力，可谓一举两得。或者适当减少孩子看动画片、玩玩具的时间，但要适度适量，不要一次性减少过多，减少时间过长。

另外，教会孩子补救错误的方法也很有必要。孩子年龄小，经验也少，当他做错事时，父母要告诉他修正错误的具体方法，说明应该怎么做、达到什么要求或标准，否则会有什么后果。孩子在反思自己的不当行为后，会通过改错来恢复自信心，日后再犯时，他就会想办法弥补自己的过失，而不是一味谴责自己没有用。同时，惩罚孩子不能半途而废，一直要到孩子采取补救措施后才能停止。

12. 对规矩要有敬畏之心

讲规矩、守规矩是一种责任和义务，也是一种境界和修养，是一个人立身处世的底线，是社会和谐有序的保障。现在很多父母在管教孩子时过于随意，严厉起来就打骂，心情好就放孩子一马，首先犯规的往往是父母。这些父母认为，"孩子开心就好""孩子高兴才是最重要的""孩子快乐成长就足够了""孩子还小，大点就懂了"……这些心态培养出了自私、不懂礼貌、不守规矩甚至叛逆的孩子，等到孩子长大成人，将无法很好地适应社会。下面这位妈妈就因此得到了沉重的教训：

萧红是大家眼中出了名的好妈妈。儿子早上起床，她把洗脸水打好，饭装好，然后背着书包送孩子去上学。儿子在学校打架了，她就去帮忙，狠狠地教训跟儿子打架的孩子。后来，儿子偷了班上同学的零花钱，她知道后没有作声，因为觉得孩子还小。慢慢地，她发现家里的钱也时不时会少一些。她知道是儿子拿了，却装作不知道，怕伤害儿子的自尊心。后来，儿子开始翻墙偷其他邻居的东西，她每次都包庇，说不是儿子干的。再后来，在建筑工地做事的儿子犯了事，因为长期偷公司的材料，涉案金额较大，被判了3年有期徒刑。

越是青春期的孩子，越容易为所欲为，越不懂得判断自己行为的后果。采用上例中没有原则的教育方法，孩子是不可能懂规矩和自律的。说到底，要想培养懂规矩的孩子，父母应该告诉他可以做什么，不可以做什么。

有人做过一个实验，将一条鲨鱼和一群热带鱼放进同一个池子，用透明钢化玻璃将它们隔开。鲨鱼每次想捕食时，都会在钢化玻璃上碰壁。久而久之，即使将钢化玻璃取走，鲨鱼也不会再过去捕食。这个实验表明，行为可能会形成惯性，心理可能会产生依赖。不过，换个角度来看，实验中的钢化玻璃，也可以理解为行为边界的标注。孩子有了边界意识，形成了敬畏之心，就能够自觉恪守底线、遵守规矩，不越雷池半步。

敬畏是自律的开端，敬畏也是行为的界限。从内心中，父母一定要认识到，规矩对孩子是十分重要的，不能随心所欲。下面举几个例子：

家长 A：升国旗还要穿校服，今天这么冷，不会把孩子冻坏了吧？

家长 B：老师，我们公司这几天很忙，家长会可以不去吗？

家长 C：现在虽然是红灯，但路上一辆车也没有，我们赶紧跑过去吧。

制定规矩不难，难的是父母摆正态度。如果父母对待规矩过于随意，更不可能引起孩子的重视，这样一来，规矩也就失去了意义。

所以，在给孩子制定规矩后，父母一定要明白：一旦制定了规矩，就必须遵守，无论什么情况下都不能表现出随意的态度。孩子违反了规矩就必须受到惩罚，而且惩罚一旦开始，就要坚持到底，不能心软。

比如，你把孩子抱到墙角，这时孩子服软了，说："妈妈，我错了，我现在就把玩具收拾好。"但你不能同意，告诉他："现在已经太迟了，不过下一次你要乖乖照我说的做。"说完继续执行已经确定的惩罚。

又如，孩子几天没有做英语作业，当老师向你反映这个情况后，孩子必须在周五晚上把作业补写完，而不能和朋友一起去看电影，因为规矩就是所有家庭作业必须在周末出去玩之前完成。这个结果会强化孩子对按时完成作业的认识，他会恳求你让他出去玩，但是你绝对不能妥协，提醒他第二天还有第二天的事。

离开惩罚，就谈不上规矩，只有惩罚才能让孩子敬畏规矩，只有敬畏规矩才有伦理道德。缺失了惩罚这一环节，规矩的警告功能也就失去了作用。孩子认错不仅不再是发自内心，而且会把认错当成逃避惩罚的手段。孩子长大后，会抱着侥幸心理去触碰法律的底线，因为他觉得自己可以逃避惩罚，但是社会不是家庭，只要犯了法，即使自己认罪，仍然要接受法律的惩罚。所以，家庭的规矩和社会的法律要保持一致，正如孔子所说，如果在家里能做一个敬畏规矩的孝子，长大后犯上作乱的可能性就很小。

阅读小贴士：

不仅孩子的言行举止需要边界，父母与孩子之间也需要边界，否则家庭关系就会成为一团糨糊。

亲子关系中的边界不清大部分是以"爱"的名义，将父母的喜好、期待等加在孩子身上，理由是"为了你好"。比如，父母逼孩子学习是"为了你好"，其实可能是为了缓解自己对未来不确定的焦虑；阻止孩子进行新的尝试也是"为了你好"，其实可能只是将自己无力的部分投射给了孩子；不断传授自己的人生经验给孩子是"为了你好",但这可能阻碍了孩子去面对真实的世界;等等。

  总之,当父母缺少心理边界时,就很可能入侵孩子的心理空间,孩子为了保护自己会进行反抗,由此导致冲突发生,在这种情况下是不可能建立起真正的亲密关系的。因为真正的亲密关系,是建立在父母尊重孩子的基础上的,父母只有尊重孩子的独立性,才有可能允许孩子的独特性、差异性存在,这样的关系才能让双方都感到舒服,从而形成真正的亲密关系。

第四章 立规矩,让孩子养成良好的习惯
——培养孩子一生的好习惯

好习惯正如银行存款,储存越多,获利越多。好习惯的养成不可能一蹴而就,而是在科学的行为规范的约束下长期培养的结果。

1. 培养孩子吃饭的规矩

生活中,不少父母为了让孩子养成良好的吃饭习惯,喜欢采用恐吓的方式,比如不吃饭就长不高、不可能变聪明等。这种方式短时间内能起到作用,但时间久了就失效了,因为孩子对这些后果没有太明显的体会。

糖糖做事十分磨蹭,不管做什么都慢吞吞的,比如吃饭,有时妈妈把碗都刷好了,她还在吃。后来,妈妈对她说:"如果爸爸妈妈吃完饭后你还吃不完,我就直接收掉你的碗筷。"糖糖听了并没有放在心上,下次吃饭时,她依然很慢。

结果,当家里其他人都吃完饭后,妈妈直接将糖糖的碗筷收走了。她的碗里还留着没吃完的米饭,以及她最爱吃的鱼肉。糖糖吃惊地看着妈妈,但妈妈平静地告诉她:"我已经提醒过你要注意时间了,如果你没有吃饱,那是你自己的责任。"

经过这一次之后,糖糖吃饭的速度明显变快了,虽然有时妈妈还是会收掉她没吃完的饭碗,不过她留在碗里的饭越来越少。到后来,她吃饭的速度终于和家里其他人同步了。

像上例中的时间约定会让孩子意识到问题的严重性,他会记住自己因为没有遵守时间约定而带来的教训,不再抱有侥幸心理。而且,他的这种记忆会非常深刻,并主动纠正以前的一些做法。

为了让孩子养成良好的吃饭习惯,父母做饭的时候不妨让孩子也参与进来,帮忙择菜、洗菜、摆放碗筷等,让孩子感受到这顿饭包含着自己的贡献,从而带着一分收获的喜悦去享用自己的劳动成果。另外,这种参与活动可以很好地消耗孩子的能量,让孩子带着饥饿感上饭桌,自然会好好吃饭。

吃饭的时候,父母可以给孩子准备合适的椅子、碗筷,在饭桌上不要过多地催促与指责。最开始孩子可能会玩心比较重,暂时不要管他,任由他玩着吃。不要太过担心,父母轻松,孩子自然也会轻松。吃饭前还应该把孩子的玩具收起来,关掉电视,尽可能排除干扰因素。

如果想让孩子在用餐的时候不挑食,首先食物的种类要足够丰富,主食和蔬菜合理搭配,但是不要长期出现某一种食物,多换换花样,试着把食物做成可爱的样子,在色香味俱全的情况下,孩子会更愿意吃。其次,禁止孩子在饭前一个半小时内吃零食,这样到了吃饭的时间,孩子就不会因为有饱腹感而拒绝用餐或把吃饭当作玩乐。

有些父母喜欢用哀求、恐吓或哄骗的方式逼孩子吃饭,但这样做只会让孩子觉得吃饭不是他自己的事情或更加固执。所以,父母不要当着孩子的面讨论孩子的饭量,或谈论什么好吃、什么不好吃,更不要把吃饭当作交换条件,许诺吃一口饭可以吃一口零食或者好好吃饭就带他去公园、买玩具等。可以给孩子规定适当的吃饭时间,比如半个小时,提前和孩子说好半个小时后会收餐具。孩子也许对半个小时没有什么概念,父母可以设置闹钟,告诉孩子要在闹铃响起之前吃完饭。

在很多家庭中,还经常会上演大人追着孩子喂饭的戏码,父母们理直气壮地认为:"如果不追着喂,孩子就不吃,饿着了怎么办?"其实,孩子是不会饿着自己的,如果他不想吃,说明他不饿,等他饿了自然会想吃。而且,对于自己要吃多少,孩子心里也有数,如果他放下碗筷不吃了,那就表明他饱了,没必要再追着喂饭。

过去家里孩子多,吃饭时父母一般会强调要等大家坐齐了再动筷子,吃饭时不能发出声音,不能挑食,不能在盘子里乱挑。但社会发展到今天,传统的家庭教育慢慢丢失了,有的孩子吃饭时叫不来,有的孩子不等大人上桌就先开吃;有的孩子吃完饭把碗筷一扔就走人,让父母去收拾,更不会向别人说一声"您慢吃"。有些父母认为孩子大了自然就懂了,而没有意识到孩子的不良习惯就是这样慢慢养成的,而且一旦形成就很难纠正过来,所以,父母要把吃饭时需要遵守的一些规矩教给孩子。

比如全家人到齐了才能开饭;父母没动筷子,孩子不能先吃;吃饭不要吧唧嘴,要闭上嘴细嚼慢咽;不能用筷子敲碗,也不能把筷子插在饭碗里;夹到自己碗里的饭菜吃完再添;吃饭时不跷脚不抖腿;吃饭时咳嗽、打喷嚏要避开大家,侧身用手或纸巾掩着嘴;吃完饭谢谢做饭的人,说"我吃好了",并帮忙收拾碗筷。

孩子在幼年时期会有敲打桌面、摆弄餐具、左顾右盼、边吃边玩等习惯,这时,父母要反复提醒孩子:"大家正在吃饭,不应该有这些不礼貌的举动。"并帮助孩子将手放在桌子上或扶着餐具。这些生活细节体现了一个人对别人的关心和尊重,也是具有良好教养的体现。

教会孩子吃饭,同时教给他吃饭的礼节,如此言传身教,让孩子知书达礼,才是完整的家庭教育。

阅读小贴士：

餐桌是最好的课堂。"谁知盘中餐，粒粒皆辛苦。"重视对孩子进行感恩教育的父母，会利用餐桌来教育孩子珍惜粮食，不铺张浪费。这不仅是对中华传统美德的传承，而且可以培养孩子勤俭节约、艰苦奋斗的品格。

2. 规范孩子的作息时间

人的一生，有三分之一的时间在睡梦中度过，婴孩比例更大。对于孩子来说，睡觉不仅意味着休息，孩子的智力、记忆力、器官成熟都与睡眠息息相关。童年睡得好不好，在一定程度上决定了孩子未来过得好不好。

从医学角度来说，在睡眠时，孩子的身体各部位、大脑及神经系统都在进行自我调节，内分泌系统释放的生长激素会比平时增加3倍，因此，父母要鼓励孩子主动睡眠，培养孩子良好的作息习惯。比如，幼儿园的午休时间一般是12点到下午2点，对于即将上幼儿园的孩子，父母可以在家训练孩子在这个时间段坚持午睡，使孩子的午睡习惯和幼儿园保持一致，这样孩子入园之后才能更好地融入集体之中。

小畅每天晚上都是十一二点才睡，所以每天上课的时候他都打瞌睡，很影响听课效率。所幸他有点小聪明，每天看看课本也就理解那些题目了，可是，他从来没有完成过老师布置的作业。原来，小畅的爸爸也是典型的"夜猫子"。自从告别朝九晚五的日子，爸爸开起了网店，从此过上了没有规律的生活。白天和厂商、买家打交道，晚上关注理财信息。小畅见爸爸不睡觉，也不想睡觉。按说每天那么晚睡,应该有很多时间写作业才对,不至于完不成作业,但是,小畅没有时间观念,也没有计划性。他写作业总是磨磨蹭蹭的,一会儿喝水,一会儿吃零食,一会儿又要去厕所。

生活中像小畅爸爸这样的家长并不少见,他们做事拖拉,或者忙于工作,或沉迷于追剧,忘了安排孩子。如果父母能够准时给孩子洗漱,讲睡前故事,然后准时关灯睡觉,孩子也会认真地照做。

所以,不管什么时候,父母都要先放下手头的事情,陪伴孩子入睡。等到孩子睡着了再做自己的事情,这样不仅更方便、更安心,而且也不会打乱孩子的作息。

上例中,小畅的问题是明显的生活不规律和没有时间观念,但他的问题又何尝不是爸爸的问题?如果爸爸能够做到每天规律作息,小畅的问题自然就解决了。

一般来说,学龄前儿童应该保证每天10~13个小时的睡眠,学龄儿童应该保证每天9~11个小时的睡眠。因此,孩子最佳的睡觉时间是晚上8点半,最迟不能超过9点。早上起床的时间最好是7点以后。

当然,孩子良好的睡眠习惯不会自发形成,必须依靠父母来培养。

父母可以和孩子协商,共同制定作息时间。比如早上起床后,固定一个出门时间,让孩子自己洗漱、吃早餐、整理物品等,父母可以在一旁观察,看看孩子总共需要多长时间,如果是半个小时,可以提前10分钟叫醒孩子。如果孩子严格遵守了作息时间表,可以给予一定奖励,以形成良性循环;如果执行效果不佳,应找出原因再做出改进。

有的孩子精力比较充沛,不愿午睡,这时可以给孩子找些事情做,比如在客厅里看书,或找些纸和笔让孩子画画,玩橡皮泥,这些活动比较安静，不至于吵到其他人。

在晚上关灯睡觉前的半个小时到一个小时内，可以给孩子读篇优美的文章，或者放段柔和的乐曲。不要在睡前进行兴奋的活动，比如玩游戏、看恐怖片等，也不能在卧室里躺在床上看电视。有些父母喜欢开灯睡觉，也有些父母喜欢看电视看到很晚，让孩子听着电视发出的声音睡觉，这些声光刺激会对孩子的睡眠造成干扰，大大影响孩子的睡眠质量。另外，过热、过冷、空气差、噪音等情况都应尽量改善。

为了培养孩子的时间观念，可以给孩子买一个小闹钟，让孩子自己确定起床的时间，孩子会感觉自己掌握大权而劲头十足。这一时期，父母要适当加以指导，出现问题时主动帮孩子分析问题所在，并给出建议。

如果孩子磨蹭、赖床，也不要催促，如果孩子迟到了，在受到老师的批评以后，孩子的时间意识自然就增强了。千万不要一边唠叨抱怨，一边帮忙整理书包，这样孩子根本意识不到时间的紧迫性。

父母还可以根据孩子安排时间的表现进行奖惩。比如孩子放学回家后，和孩子协商，分出吃饭、写作业、玩耍、洗漱睡觉等几个时间段，如果孩子在写作业阶段表现良好，可以考虑在娱乐阶段进行奖励，反之则加以惩罚。

阅读小贴士：

现在的孩子普遍睡眠不足，而睡眠的缺乏会影响身高的发育，因为睡眠中产生的生长激素是影响人体身高的重要因素。

生长激素不同于人体的其他激素，它呈脉冲式分泌，每天晚上10点以后，生长激素的分泌量将达到高峰期，是白天的5~7倍。早上6点前后的一两个小时，也是生长激素的分泌小高峰。生长激素分泌得越多，越有助于长高，但分泌是有条件的，那就是必须在孩子深度睡眠的情况下。所以，睡得越迟，分泌的生长激素就越少，对孩子的身高发育越不利。不过，一岁前的婴儿期是个例外，这一时期不管白天还是晚上，孩子的脑垂体都在不断地分泌生长激素。

3. 养成良好的卫生习惯

个人清洁卫生看起来是一件微不足道的小事，却反映了一个人的精神面貌和生活情趣。人活着就是为了提高生活质量，从而获得精神上的自由和超越。

从卫生方面来说，如果一个人总是蓬头垢面、浑身充满异味，没有人会想接近他，更不用说和他打交道了。所以，父母要督促孩子养成良好的卫生习惯，比如早晚刷牙洗脸、饭后漱口、勤洗澡勤换衣……这些都是基本的卫生习惯，孩子只有做到这些，才谈得上礼貌对人。

小雪有一双水汪汪的大眼睛，长得很惹人喜爱。然而，幼儿园里却很少有孩子愿意和她做朋友，原因是她太脏了！

小雪的父母忙于工作，很少有时间打理孩子。小雪到幼儿园时经常披头散发，牙没有刷，眼角还挂着眼屎。尤其是冬天，她经常拖着两条长长的鼻涕，班里的同学见了都唯恐避之不及。

针对这个问题，老师和小雪的父母沟通过好几次，但收效甚微。有一次，老师让孩子们说说自己好朋友的优点，目的是让孩子们学会欣赏他人。结果，没有一个孩子把小雪当好朋友，这让小雪感到十分伤心。

由此可见，一个邋遢的人很难受到周围人的欢迎。一般来说，孩子的习惯都源于家庭，是从父母身上复制下来的。要想让孩子拥有良好的仪容仪表，父母要以身作则，向孩子示范如何保持干净整齐的仪容；梳洗打扮时允许孩子在一旁观看，学习如何保持仪容整洁。即使在家里，父母也不要当着孩子的面抠鼻孔、挖耳屎等，父亲夏天不要在家光着上身，母亲在家不要蓬头垢面。父母的点滴行为都是在帮助孩子建立习惯，孩子干净整洁的仪容是对自己的尊重，也是对他人礼貌的表现。

父母要教会孩子基本的自理能力，让孩子定时洗脸、洗头、洗手、刷牙、洗澡、换衣、剪指甲，保持身体干净、服装整洁。必要时，父母还可以将这些规矩以标语的形式张贴在墙上，比如饭前洗手、饭后擦嘴、吃水果要洗干净等，以便时时提醒孩子遵守卫生规矩。

当孩子还不会做某件事的时候，父母可以运用示范、讲解、提示、练习等方法，给予孩子具体的指导和帮助。比如，洗手时先把袖子挽起来，挤点洗手液，然后两手互相揉搓："看，现在脏东西都搓掉了，我们把手冲洗干净吧！"一面说，一面教孩子把手上的泡沫冲洗干净，再用毛巾把手擦干。如果孩子已经会了，只是还没有完全形成习惯，父母只需提醒他："先把袖子挽起来再洗手""把手心手背都搓干净"。语言的提示可以帮助孩子正确地洗手，并逐步养成习惯。

有的时候，父母还可以借用医生来教育孩子。因为在孩子的心目中，医生是卫生行业的权威，所以，在卫生教育问题上，医生的话往往比父母的话管用得多。

有个小男孩因为不讲卫生，经常拉肚子。有一次，爸爸带他去医院看病后，发现他在吃饭前竟然主动去洗手了，于是问他："今天怎么知道主动洗手啦?"他认真地说:"医生说了,饭前不洗手就爱拉肚子,我不想拉肚子了,打针太痛了!"

父母要注意孩子是认真去做了还是敷衍了事。要知道,孩子的头发湿了并不代表他一定洗了澡。一旦发现他做假或敷衍了事,要罚他重洗一次,并取消他晚上的娱乐活动。可以这样跟孩子说:"你骗我说已经洗好了,我很难过,今天晚上你不许玩乐高了。现在再去洗一次。"为了让洗澡成为愉快的体验,可以为孩子准备造型有趣的梳洗用具、泡沫沐浴乳等。

父母必须让孩子明白,有些规矩是没有商量余地的。比如,规定是每天都要洗澡,不管孩子怎么哀求、吵闹,父母都不可以让步;或者可以和孩子谈条件:"我知道你不想洗澡,但你知道我们有过约定,要等你洗完澡才可以听故事。你自己决定要怎么做。"如果允许孩子有时不用洗澡,他就会混淆,不确定自己该不该、需不需要洗澡,当父母让他去洗澡时,他可能会不顺从,有意见。至于孩子自己同意的规矩,有时他也会耍赖或者故意反抗,这时父母唯一需要做的就是坚持原则,对孩子的哀求、耍赖、反抗毫不妥协,当孩子发现无"招"可用后,才会严格遵守父母制定的规矩。

阅读小贴士:

意大利教育家蒙台梭利认为儿童在早期发展阶段有几个所谓的"敏感期",或称"关键期"。在敏感期阶段,儿童接受某种刺激的能力是很强的。儿童对某种事物的特殊感受性,将一直持续到这种感受需求完全得到满足为止。敏感期在儿童学习说话和走路时表现得最为明显。如果父母能够意识到这种敏感期的存在,就能适时地从各方面促进儿童的成长。

以下是儿童敏感期的出现时间：2岁起——空间敏感期，0~6岁——语言敏感期，3.5~4.5岁——认识符号、书写符号的敏感期，4.5~5.5岁——阅读敏感期，0~3岁——秩序敏感期，0~6岁——感官敏感期，1.5~4岁——细微事物的敏感期，1~3岁——动作敏感期，2.5~6岁——社会规范敏感期，3~4岁——追求完美敏感期，4~5岁——性别敏感期，2~5岁——人际关系敏感期，5~7岁——婚姻敏感期，4~7岁——身份确认敏感期，6~9岁——文化敏感期。

4. 合理控制孩子的零食

爱吃零食是孩子的天性，五颜六色、色香味俱全的零食丰富了孩子的饮食结构。但在生活中，父母对于孩子吃零食这件事所持的态度并不一致，有的父母认为吃零食是一种不良习惯，一点零食也不给孩子吃；有的父母则一味满足孩子的口味，要什么给什么。这两种做法都不利于孩子的健康成长。

梁玲一直严格禁止女儿吃零食，有一天她带女儿到小区广场上玩，其他孩子正在吃零食，她发现女儿的眼睛基本没有离开过那些零食，一副可怜兮兮的模样。后来，有个小朋友掉了一小块在地上，女儿竟然跑过去捡起来放进嘴里。这件事对梁玲的触动特别大。

在集体的环境中，孩子看到别人有的东西他没有，别人能吃的东西他不能吃，别人能做的事情他不能做，内心一定会困惑不解。父母考虑孩子的健康没有错，但是孩子的健康不只是生理健康，还包括心理健康，如果孩子内心的需求一直得不到满足，心灵就会受到创伤。

很多时候，孩子是通过他接触到的事物来认知这个世界的。孩子想吃各种各样的食物，是一种外在表现，深层次的需求是孩子想要探索新的事物。如果长期食谱单一，孩子的心灵得不到满足，思维也容易被固化，当面对没有吃过的东西时，孩子会缺乏探索的欲望，不愿去尝试。反之，食谱越是丰富的孩子，越勇于尝试新事物，其心灵世界也越宽广。

事实上，科学地给孩子吃点零食是有益的。美国专家为此做了大量调查研究，认为零食能更好地满足身体对多种维生素和矿物质的需要。在三餐之间吃零食的儿童，比只吃三餐的同龄儿童更易获得营养平衡；孩子通过零食获得的热量达到总热量的20%，维生素占总摄食量的15%，矿物质占20%，元素铁占15%，这说明必要的零食已经成为孩子获得生长发育所需养分的途径之一。

研究还发现，吃零食的孩子更快乐，包容度更高；反之，被禁止吃零食，吃得越"健康"的孩子越不快乐，包容度更低！这是因为，越得不到的东西越会成为执念，成人如此，幼儿更甚，因为幼儿时期任何心理上的极度不满足都会在孩子身上留下烙印，并伴随其一生。

那么，父母如何给孩子吃零食，才能既科学又不影响孩子的健康呢？

首先，零食可以选择孩子生长发育过程中需要的营养食品，如新鲜水果、果干、坚果、牛奶、纯果汁、奶制品等，补充因为胃容量不足而在正餐中摄入不足的部分。至于膨化食物、高热量、高糖、高盐的快餐食物和色素、香料添加太多的糖果等，虽然孩子很喜欢吃，但是还是尽量不要给孩子吃。零食的分量以解馋为准，不可代替正餐。父母要事先和孩子说好，控制好数量。

同时，吃零食的时间要与正餐时间协调，比如在饭前两小时作为正餐的补充，这样孩子才有胃口吃饭。父母不妨安排孩子上午在早午餐之间吃少量热量较高的食品，比如一两块巧克力，或一块小蛋糕，或一两块饼干；午睡后喝些温水，下午吃一点水果；晚餐后不要再给零食，睡前宜喝一杯牛奶。

对于肥胖的孩子，不能一味禁止他吃零食，可以选择一些热量低的食物，如脱脂牛奶、酸奶、水果等。

至于吃零食的风险，也是可以规避预防的。比如孩子吃糖容易蛀牙，可以让孩子吃完糖后刷牙，或者白天吃，晚上不吃，从而降低蛀牙的风险。

5. 严格控制看电视的时间

英国教育专家马丁·洛森说:"如果你能让孩子在 12 岁之前不看电视,他们终身都将获益。"现在,看电视成了亲子之间矛盾的导火线之一。很多孩子都是电视迷,放学没到家就惦记着已经开演的动画片;书包一放下,所有事情都不理,一门心思地想看电视。父母有时怒不可遏,强制性地关掉电视,让孩子去学习。而孩子呢,在不得已回到自己的房间后,内心对父母产生了怨恨。也有的父母对孩子沉迷电视感到不以为然,任由孩子从起床一直看到睡觉,甚至连吃饭都是在电视机前吃。有些家庭的电视遥控器完全被孩子掌控,为了不影响孩子看儿童节目,父母甚至专门给孩子准备了一台电视机。

电视节目固然能够让孩子快速认识这个世界的人与事,增加一些生活常识,但是也有不好的地方:一是代替了孩子玩耍的时间,使得孩子活动量减少,进而影响孩子的生长发育;二是看电视是单向接收,会影响孩子的语言能力;三是制约孩子的想象力,使得孩子习惯性地被动接受信息,而不主动去思考探索;四是看电视久了,容易使孩子分不清虚拟和现实。

可以说,把孩子完全交给屏幕中的虚拟世界,除了解放父母之外，对孩子有百害而无一利。所以，父母不能顺从、放任孩子不加节制地看电视，而要牢牢掌控家里的电视遥控器，控制孩子看电视的时间。下面这个妈妈的做法值得参考：

小哲每次晚上吃饭的时候都要看电视，而且一看起来就没完没了，不仅吃饭磨蹭，写作业也不用心了。为此，妈妈想了个主意，她对小哲说："从今天起，只要你每天完成作业，就可以看电视，但有一个条件，每天看完电视后，你要将看过的内容写下来让妈妈看，妈妈会在你睡觉前检查。如果你哪天违反规矩不交报告或者写报告过于马虎，机顶盒就会神奇地消失两天。"

小哲听到妈妈说"不限制不阻止"他看电视，心里高兴坏了。前两天，他很认真地写了报告，电视也一直为他打开着，但是，第三天小哲没顾得上写报告。第四天，当他打算看电视的时候，发现机顶盒消失了！他找了很久也没有找到。原来，妈妈为了严格执行规矩，把机顶盒收起来了。

直到小哲补交报告后，妈妈才又把机顶盒拿出来。就这样坚持了大半个月，小哲看电视的时间越来越少，后来即使看电视，他也是偶尔看一会儿。妈妈询问原因，他说："没意思，没什么好看的。"

万事皆有度，如何把握好孩子看电视的度是一个非常关键的问题。在孩子看电视之前，父母可以先给孩子定好规矩，以减少争执或者孩子耍赖的机会。

孩子喜欢看电视，有时只是因为没有玩伴，而父母又太忙碌，无法和孩子进行互动，于是，电视就成了陪伴孩子的唯一的"伙伴"。建议父母在忙碌之余，尽量放松身心陪伴孩子。比如和孩子一起做家务、参加各种活动，或在网上找一些有趣的亲子游戏，吸引孩子参加，让孩子在现实互动中寻找真正的乐趣，培养注意力和想象力，提高亲子之间的亲密程度，逐渐减少在电视节目上浪费的时间。

平时家里也不要长时间地开着电视，父母要做好榜样，不能自己看半天，却要求孩子只看半小时，那样父母的教育权威会荡然无存，孩子不仅不服气，也不可能遵守规定。建议每周列出一个时间表，明确规定孩子可以看电视的具体时间，超过时间就要立刻关掉电视。

当然，减少孩子看电视的时间并不是彻底否定看电视的行为，随着孩子逐渐长大，他对外面世界的好奇心会逐渐增强，而电视可以引领他认识未知世界，满足他对外面世界的想象。父母应该帮助孩子选看那些有教育意义、容易理解的节目，比如动画片、少儿故事片、动物纪录片、少儿文艺节目等。过分离奇惊险的武打片、爱情片不适合让孩子看。如果父母能抽出时间和孩子一起看电视，适当加以引导，增加一些亲子沟通的话题，效果会更好。

对于已经看电视上瘾的孩子，如果孩子做到了遵守时间，父母可以每次奖励一朵小红花，凑够一定数量后给孩子一份神秘礼物，从而引导孩子遵守规定。

阅读小贴士：

研究显示，如果孩子在1~3岁时每天看一个小时的电视，日后出现注意力缺陷的风险便会增加近10%，而且缺陷一般要到孩子7岁左右才会显现出来。比如上课总是小动作特别多，写作业时总是坐不住，喜欢东摸摸西弄弄。

这是因为，很多电视节目的快速画面转换容易过度刺激孩子正在发育的大脑，使他们无法适应现实世界的慢节奏，觉得现实没劲。而且孩子精力旺盛，正是需要多跑动的年龄，看电视会占用大量原本有利于培养注意力的活动时间，如阅读、运动、游戏等。所以，如果孩子每天看电视超过一个小时，3~4年后注意力不如同龄人也就不足为奇了。

6. 网瘾：严格限制＋合理引导

在互联网飞速发展的今天，上网成了不少孩子迷恋的东西。有的孩子不上网就觉得无事可做，甚至焦虑抑郁、心情烦躁。更有的孩子患了"网络成瘾症"，即使不上网，脑海中也会浮现网上的内容，无法摆脱时刻想上网的念头，一旦"断网"就无聊、焦虑。这是一种因过度上网而引发的心理疾病。

孩子有了网瘾后，不仅会荒废学业、损害身体健康，还会带来很多不良影响。尽管孩子也想戒掉网瘾，但是欲罢不能、屡战屡败的反复，会使其产生失控的沮丧感，而家人的失望、学业的落后更会让他陷入巨大的自我失望和精神压抑之中。这种状态若长时间得不到改变，将对孩子的一生产生转折性的消极影响。

现实中，当孩子有网瘾时，父母往往会采取粗暴、严厉的态度去制止和斥责孩子，但这种方法往往不能奏效而且会起相反的作用。因为过度的外界干涉和惩罚，会模糊孩子本来也可能有的厌恶网络的心理，认为自己讨厌网络并非自己本身的厌恶而是外界强加给他的。

其实，网络带给教育的困难和帮助就像一个硬币的正反面。父母对孩子上网既不能放任不管，也不能完全禁止。互联网在增长学识、传播信息、交流文化等方面都发挥着日益重要的作用，拒绝网络就意味着拒绝进步。所以，父母需要关注的是如何让孩子健康地上网，通过网络手段拓宽视野，提升科学文化素养，而不是兴师动众地采取锁电脑、拔网线等方法来制止孩子上网。

马云早年因为创办阿里巴巴，整天忙于工作，忽略了对儿子的管教，结果儿子沉迷网络游戏，理由是："回到家又没人，还不如在网吧玩。"在苦劝无效的情况下，有一年暑假，马云给了儿子200元，让他和同学去网吧玩游戏，而且必须把钱花完才能回家。他只有一个条件，那就是儿子回家后要说出一个玩网络游戏的好处。儿子在网吧尽情地玩了两天一夜，第三天才疲惫不堪地回到家，他狼吞虎咽地吃完饭后，倒头就睡。等他睡醒了，马云问他玩网络游戏有什么好处，他不好意思地说："没什么好处。"

当然，这只是马云让儿子戒除网瘾的第一步。后来，马云又让妻子辞职在家，接送孩子上学，并准备可口又营养丰富的饭菜。渐渐地，孩子开始留恋家里温馨的气氛。接着，马云的妻子又陪儿子参加各种有益的活动，这些活动慢慢取代了网络游戏在他生活中的位置。半年后，儿子成功戒除了网瘾。

很多人都有切身体会，当爱好变成了工作，变成了责任，喜爱的成分就会慢慢减少。所以，当孩子沉迷网络游戏时，父母不妨把玩游戏当作对孩子的惩罚，让玩游戏成为孩子不得不做的事情，这样孩子会觉得玩游戏没有乐趣，到时不用父母提醒，孩子自己就会主动放弃，因为这件事带来的感受是不快乐的。这样做远比说教、打骂要有效得多，当然，父母在运用时要把握好分寸，不要给孩子留下心理阴影，也不要让孩子察觉父母的真实意图。

对于有一定网瘾的孩子来说，父母可以开辟网络之外的兴趣，转移其注意力。比如在周末或寒暑假根据孩子的兴趣，给他安排一些可以替代上网的活动，比如听音乐、旅游、体育运动、画画等。

另外，在孩子使用网络时，父母还要注意保护好孩子，教会孩子基本的网络安全知识。比如上网交友时不要轻易说出自己的真实姓名、电话、住址、学校名称等个人信息，不要和网友见面，不要理会网上示爱者、谈话内容低俗者，等等。对于网络上的黄色、暴力内容，父母可以购买相关软件，在电脑上做好防护措施，将这些网络"毒素"清理出孩子的网络世界。

下面是一位父亲给女儿制定的电脑使用规定，可以作为参考。

① 使用电脑要以学习为主，娱乐为辅。

② 电脑放在客厅里，没有特殊情况不得移位。

③ 平时每天使用电脑不得超过半小时，双休日、节假日和寒暑假每天不得超过2个小时。

④ 不把有关家庭的信息暴露给网上的陌生人。

⑤ 在网上遇到他人的骚扰等麻烦事件，要立刻与父母商量；如果父母不在家，应立即关闭电脑。

⑥ 如果使用者违反上述规矩，视情节轻重，给予减少使用电脑时间或一段时间内停止使用电脑的处罚。

在这个规矩的约束下，孩子在使用电脑和上网方面很少出现问题。

总的来说，网瘾不是一朝一夕就可以戒掉的，正所谓"心病还须心药医"，父母有必要对症下药。有些事情不能单单责怪孩子，父母也要认真思考一下原因，是自己言传身教不妥当，还是孩子身边一些朋友的影响？总之，父母应该用心去感化、引导孩子，这比强硬的手段更有效、更持久。

7. 拒绝孩子的无理要求

苏联教育家马卡连柯曾经指出："人们时常说，我是母亲，我是父亲，一切都让给孩子，为他牺牲一切，甚至牺牲自己的幸福，这恐怕是父母送给孩子的最可怕的礼物了。这种可怕的礼物可以这样来比方，如果你想毒死你的孩子，就给他吃一剂足量的你个人的幸福，这样他就可以被毒死。"这句话或许会伤父母们的心，但它的确一针见血地道出了"惯子如杀子"的深刻内涵。

我们来看一个案例。放学回家后，小诺对妈妈说："妈妈，我能吃块饼干吗？"妈妈不同意，说："不可以，再过一个小时就要吃晚餐了。"小诺缠着妈妈说："可是我现在就想吃嘛！"妈妈仍然摇摇头。小诺继续哀求道："我太饿了，想吃点饼干！"妈妈仍然拒绝，但僵持几分钟后，妈妈投降了，她并没有意识到这次答应孩子会不会产生什么不良后果，而小诺则通过这件事学到了一点：当妈妈拒绝她的要求时，只要她不停地哀求、纠缠，最后一定能得到她想要的东西。

当孩子提出无理要求时，最初只是在试探父母的态度。如果父母的拒绝程度不够，孩子通常会继续坚持；当遭到父母第二次拒绝时，孩子会根据自己的判断采取下一步行动，或停止要求，或使出"撒手锏"，这时如果父母选择妥协退让，那么，孩子日后很有可能会变本加厉，而且这也在无形中增强了孩子的任性习惯，以后孩子很有可能以此为要挟来达到自己的目的。

教育专家认为，迁就和顺从孩子的不合理要求，实际上是在助长其以自我为中心的心理。这种自我意识的无限膨胀，容易让孩子变得自私自利，完全不知道理解和感激父母，认为一切都是理所当然的。一个不曾被拒绝的孩子，长大以后是经受不起挫折的考验的。因此，为了孩子的幸福，父母要施以理智的爱，学会对孩子说"不"。

当然，这不是让父母生硬粗暴地拒绝孩子，而是要理解孩子的情绪，合理进行引导。一方面坚持对孩子的约束，不答应孩子的无理要求。比如吃饭的时候，孩子看见没有自己爱吃的菜，就生气地拒绝吃饭，这时，即使冰箱里有这种菜，父母也不要迁就孩子给他另做，应明确表示饭菜已经准备好了，不可以随便更换。如果孩子继续哭闹，可以饿他一顿，等他感到饥饿时，自然会找东西吃。另一方面，父母在情绪上要理解孩子，有意识地引导、发展孩子的独立性和明辨是非的能力。故意与孩子争辩，非把孩子的气焰打下去，这样会适得其反，使孩子产生逆反心理。

在拒绝孩子的不合理要求时，父母要蹲下来与孩子平等对话，语言要有启发性、导向性、激励性；语气应如朋友般亲密；谈话方式应用谈心式、商讨式，让孩子感受到父母对他的尊重、关爱和理解，从而缩短心理距离，促进情感沟通。要让孩子明白为什么不能这么做，同时让孩子感受到父母的爱意，知道父母这样做是为了他或全家人。比如，不买奢侈品或者多余的玩具，是因为要保证孩子上学和全家的支出，是因为虚荣、奢侈对人是有害的；满足孩子的合理需求是父母对孩子的爱和责任，而拒绝孩子的不合理要求也是父母对孩子的爱和责任；父母不能陪伴他是因为有工作要做或者需要和别人谈话，而不是因为不喜欢他；等等。

对于父母来说，最难的其实是将态度坚持到底。有时父母看见孩子哭闹实在是不忍心，于是就满足他的不合理要求。要知道一个"不忍心"可能会让孩子认定固执、哭闹还是管用的。所以，父母在拒绝孩子的不合理要求后，千万不要再妥协，一定要坚持到底。

有时孩子没有得到满足可能会纠缠不休，这时可以暂时不去理他，让他知道哭闹是无效的，他就会自己停下来，事后再与他坦诚交流，说明拒绝他的原因。

阅读小贴士：

父母溺爱出来的孩子容易变成什么样子呢？

1. 自私——因为习惯了身边的人都为他付出，而他只要自己开心就好，不必给予任何回报。

2. 贪婪——因为从小几乎所有要求都能得到满足，所以他的欲望特别多，什么都想要。

3. 无能——因为没有干过活儿，所以什么都不会做，生活无法自理，而且没毅力没韧性，不能吃苦耐劳，也没有社会生存能力。

4. 无理——因为没有跟父母建立起对等的关系，所以在他的概念里，父母就是为他服务的，生了他就必须让他开心快乐，如果无法满足他的要求就是罪大恶极。

8. 改掉孩子做事拖拉的习惯

办事拖拉、磨磨蹭蹭是孩子常见的一种毛病,如果孩童时期没有克服这种毛病,就有可能使孩子形成懒惰的性格,在碌碌无为中度过平庸的一生。有拖拉习惯的孩子,一般会有以下表现:

(1)因害怕困难而把艰巨的任务、麻烦的问题拖到最后处理,或寻找借口一拖再拖。

(2)不善于整理环境,卧室、写字桌上乱七八糟。

(3)缺乏进取精神,不愿改变环境,不愿接受新任务。

(4)每天总是拖到最后一刻才开始写作业,甚至不惜"开夜车"。

(5)遇到棘手的事情或考试,就装病、找借口,企图逃避。

(6)受到不公平的待遇时,即使自己有理仍忍气吞声,避免与别人发生冲突。

(7)无论遇到什么不顺利,总是怨天尤人,从不检讨自己。

(8)说起来头头是道,想法很多,但从来不去付诸实施。

造成孩子拖拉的原因有很多,父母一定要区别对待,不能用单一的标准去要求孩子。

孩子做不好一件事,有时是成长发育不足的体现。0~7岁,孩子一直在"长脑子"——他们在增加脑容量，增加刺激，让大脑皮层的面积不断增大、连接不断增多。等到大脑发育成熟，孩子才有可能兼顾很多方面。当大人对他提出一些要求的时候，他才能很快给出反应。在此之前，孩子表现出来的做事慢、行动慢，和大人所说的拖拉、磨蹭并不是一回事。对于孩子的这种拖拉，父母要多一些耐心。下面这位妈妈就做得很好。

一个周末的早晨，妈妈要带孩子出去玩。行程已经计划好了，可临出门时，孩子坚持要自己系鞋带。孩子刚上幼儿园小班，一般的父母可能不会同意孩子的这个要求，毕竟现在还不是练习系鞋带的年龄。

可是这位妈妈很有耐心，她不仅同意让孩子自己系鞋带，而且一等就是40分钟！是的，你没有看错！整整40分钟，妈妈就站在门口，看着孩子一遍又一遍地系鞋带。经过40分钟的努力，孩子终于自己系好了鞋带，非常满足。此时妈妈没有埋怨，也没有指责，而是高兴地夸奖孩子说："妈妈像你这么大的时候，还不会自己系鞋带呢！"

当被问起为什么这么有耐心，等这么久都不生气时，这位妈妈淡定地说："带孩子出去玩，本来就是为了陪伴他成长。学习如何系鞋带，不也是一种成长吗，为什么要生气呢？"

当然，也有一些孩子确实是因为没有时间观念或懒惰心理而做事拖拉。对于这样的孩子，父母要想一些切实可行的办法来改善孩子的拖延行为，提高其做事的效率。

当孩子要做什么事情时，父母要让他从现在就开始，不要总是"明日复明日"。孩子因为年龄还小，总觉得日子好像永远过不完，所以体会不到时间的重要性。对此，父母有责任帮助孩子认识到时间的宝贵，养成立即行动的习惯。

有的孩子做事杂乱无章、随心所欲，很容易忽略最重要的事情。父母要让孩子学会分清事情的轻重缓急，完成一件事后再开始处理下一件。另外，集中优势也是很有必要的，父母要教会孩子一次只集中精力应付一个问题，直到处理完为止。

每做一件事，都应该给孩子设定一个期限，并且公之于众，这样孩子会产生一种压力，自尊心会敦促他努力按时完成。

父母还可以让孩子邀请同学、朋友到家里来玩、一起做作业，看看谁做得又快又好，然后给予奖励。孩子为了面子，会自觉提高做事的效率，而且还能培养孩子的竞争意识，让孩子知道做事拖拉就会落后于人，对其成长和进步大有裨益。

阅读小贴士：

孩子缺乏时间管理能力会有哪些影响？

首先，缺乏时间管理能力的孩子吃饭磨蹭，睡觉磨蹭，写作业拖拉，不能按时完成。缺乏时间管理能力会直接影响孩子上课专心听讲的能力，其学习成绩自然不会好。最重要的是，如果孩子长期处于一种没有时间意识的状态，将会导致其形成拖延习惯，年龄越大越难改变。

其次，缺乏时间管理能力的孩子成年以后，几乎很难在工作中取得成绩，有的甚至一生都一事无成。在如今快节奏的社会环境中，做任何事都讲究效率，而缺乏时间观念的成年人，晚上熬夜不睡觉，早晨无法准时起床，和朋友约会不能按时赴约，答应别人的事总是拖延，有多少人会愿意跟这样的人合作或者成为朋友呢？

所以说，时间管理能力不仅影响孩子现在的学习生活，还将影响孩子一生的发展。

9. 培养自理能力：自己的事情自己做

小鸟长大后如果还赖在窝里不走，等着鸟妈妈喂食，鸟妈妈就会用尖利的喙把它啄走。和大自然一样，适者生存，父母太过强势或溺爱都会导致孩子能力低下，无法适应社会，最终品尝苦果。所以，父母若是爱孩子，就应该教给孩子独立生存的本领，而不是让父母的手越伸越长。

现实中，有的父母认为，孩子只有学习才是最重要的，为了让孩子全身心地投入到学习中去，父母几乎包办了孩子生活中的所有事情。这反映出一些父母"重智力轻品德、重成才轻成人"的偏隘的教育思想。这种做法忽视了孩子独立做事、勤劳勇敢等良好品质的养成，无形中使孩子养成了好逸恶劳的不良习气，使孩子丧失了基本的自理能力。

看看现在的新闻报道，孩子因为不能自理而出现的种种问题，让父母们头疼不已。有的孩子进入大学后，不知道怎么收拾自己的个人物品、怎么洗衣服，除了看书学习之外什么都不会；有的孩子大学毕业后，理应进入社会参加工作，结果却成为"啃老族"，每天吃喝玩乐；还有的孩子对周围的环境挑三拣四，认为别人什么都没给他准备，所以他才什么都做不好。

邓琳是哈佛大学的博士，但她从小娇生惯养，什么事都由父母安排。结果进入社会后，她很快便被挫折打倒了。因为始终找不到"理想"的工作，她患上了精神病。

"一切包办的孩子都没有出息。"这是邓琳的母亲反思自己的教育时所说的一句话。在邓琳的成长过程中，父母承包了她学习以外的所有事务，导致她极其缺乏社会经验，加上从小就出类拔萃，生活可谓一帆风顺，所以她的抗压能力很差，受不了任何挫折。

教育家陈鹤琴曾经说过："教育有一个原则——孩子进一步，大人就退一步，凡是孩子自己能做的，大人就不要替他去做。孩子进一步，大人退一步，孩子就长大了，这就叫成长，这就叫教育。"

心理学研究表明，孩子两三岁便开始产生了想要自己做事的意识。第一次自己吃饭，第一次独立入睡，第一次自己刷牙洗脸，第一次自己穿衣服……这些在大人看来很简单的事情，对于培养孩子的独立意识和能力起着关键作用。

父母要注意根据孩子的年龄发展特点来制定培养计划，掌握循序渐进、由简到繁的发展过程。比如幼儿时期教孩子左手扶碗、右手拿筷，随着孩子年龄的增长，告诉他吃完饭自己把嘴巴擦干净。如果一味要求孩子完成超出其能力范围的事情，只会引起孩子的反感，并挫伤其自信心。

当孩子长大一些后，可以让孩子在家中做一些力所能及的事情，比如倒垃圾、叠衣服被子、收拾玩具、打扫卫生、洗菜，或者帮全家人订车票、买东西等，增强孩子独立做事的能力。

父母要引导孩子全方位考虑问题，不放过任何一个细节，因为细节决定成败。这些事虽然不是孩子必须要做的，却是必不可少的一项技能，而且能让孩子学会负责任。千万不要想着孩子动作慢，做得不够好，于是进行干涉，这样只会让孩子产生强烈的挫败感，对培养孩子的独立性大为不利。父母不妨告诉孩子做事的步骤和注意事项，孩子经过几次尝试后，自然熟能生巧。

当然，孩子的独立性不是一两天就能养成的，这是一个长期的、不断内化的过程，需要父母反复强化和持之以恒的引导。当孩子掌握了某项技能或能够独立完成某件事时，父母要督促孩子反复练习，直至养成习惯。

第五章 立规矩,让孩子言有规行有范
——培养孩子得体的言行举止

言行举止体现出一个人的内在品格。俗话说:"弯树从小育,长大育不直。"要想让孩子拥有良好的言行举止,必须从小开始培养,进行反复强化和持之以恒的引导。

1. 孩子犯错要正确引导

俗话说："畏惧错误就是毁灭进步。"孩子在成长的过程中不可能不犯错，犯错并不可怕，只要敢于面对错误，从错误中吸取教训，就值得鼓励和赞赏。父母要学会宽容对待孩子，以信任、友好的态度对待孩子所犯的错误，同时动之以情，晓之以理，让孩子明白错误的性质和危害，并努力寻求补救的办法，从而缓解孩子的紧张心理，让孩子敢于承担责任，改正错误。

这天，小洪放学回家后就偷偷躲进自己的房间，妈妈叫他出来吃饭，他却推托自己功课忙。不久，爸爸下班回来了，问妈妈有没有看到年初朋友送的一副羽毛球拍。妈妈说："自己的球拍不好好放，还来问我。"爸爸嘀咕着，那副球拍是有明星签名的，他好不容易才弄到。这时，小洪的房门打开了，他一脸自责地走出来，说球拍被他弄丢了，他本来约好同学下午一起去打球，回家的路上和同学一路打打闹闹，结果在一个卖冰激凌的摊位上丢失了球拍。爸爸听了，摸摸小洪的头说："没关系，只要勇于承认错误，就是好孩子。"

对于孩子来说，敢于承认错误是养成诚实品德的第一步。孩子的成长是一个不断犯错、不断完善自己的过程。当孩子犯了错误后，父母应该用发展的眼光来看待问题，不要不问青红皂白就随意批评孩子。否则，孩子为了逃避父母的批评，会拒绝承认错误。

父母还要明白的是，有时孩子犯错是因为缺乏判断是非的能力，这就需要父母主动教孩子分清怎样做才是对的。不要过多地责备孩子，而应帮助孩子分析错误的原因、严重程度、不良后果等，教孩子怎样去做，不断丰富孩子的生活经验，使其在错误中学习成长，最终学会辨别是非对错。

如果孩子的错误对他人造成了伤害，应立刻进行补救。孩子刚犯了错，想要改正错误的愿望是比较强烈的，这时父母顺势而为，可以让孩子学会承担自己的责任。此时父母不宜严厉苛责孩子，而应采用较为开放、民主的方式，帮助孩子在错误中汲取教训，以及更好地了解自己。

当孩子事后冷静下来，父母可以温和地问他当时是怎么想的，为什么要那样做；如果下次遇到同样的问题，他会选择怎么做，有没有更好的做法。和孩子探讨他的错误选择造成的不良后果时，要把焦点放在解决问题、寻找出路上，积极弥补错误。这些开放式的提问，能够让孩子学会自己面对问题，理清行为错误的症结，并尝试解决问题，对孩子的思考力、行动力会有很大的促进作用。

当孩子为了挽回失误而努力时，父母应该肯定孩子的行为。勇于承认错误、承担责任，在某些时候，孩子确实"会吃亏"，但从孩子长远的发展来看，拥有这种品质的孩子，更容易拥有成功的人生。

2. 循序渐进，培养孩子的责任感

生活中，很多父母认为责任感是大人才需要具备的品质，孩子是不需要有责任感的，并且也不懂得什么是责任感，于是不重视培养孩子的责任感，寄希望于孩子长大后自己会明白。其实这种想法是错误的，因为一个人的责任感就像其他品质一样，是需要从小培养的。小时候不努力培养，长大后孩子更不会听父母的唠叨，等到孩子染上了一身坏毛病，父母后悔也来不及了。

一天，父亲带 5 岁的儿子去超市买玩具火车作为儿童节礼物。儿子兴奋地用手捧着火车，一边转动身体，一边嘴里"呜呜"地叫着，仿佛在开着一辆真的火车。忽然，他的胳膊撞在了邻近的货架上，一辆玩具小汽车"啪"的一声掉下来，摔碎了。

儿子惊呆了，脸上露出害怕的神情。父亲看了看地上的碎物，又看了看儿子，不动声色地问道："你说应该怎么办？"

儿子见四周没有人，犹豫着说："反正没人看见，我们走吧！"

父亲问："我看见没有？你看见没有？"

儿子说："看见了！"

父亲说："那你怎么能说没人看见呢？"

儿子低着头，默不作声。

父亲说："损坏别人的东西就得赔偿，所以咱们得赔。"接着，父亲看了一眼标价牌，又说："这个玩具50元，我没有提醒你注意安全，要负主要责任。我赔30元，你赔20元，怎么样？"

儿子说："可以，但我没有钱。"

父亲说："从你的玩具钱里面扣，所以你不能买玩具火车了，只能买一个便宜的玩具。你觉得这个办法合理吗？"

儿子犹豫半天，最后含着眼泪点了点头。

上例中，父亲做了一件正确的事情，他让儿子接受了一个"惨痛的教训"，同时将责任意识刻进了孩子的心里。

培养责任意识，需要通过孩子自身的实践体验，从点点滴滴的小事做起。作为父母，不要事事为孩子代劳，而应该有意识地让孩子去做自己的分内事，学会为自己的事情负责，比如写作业、收拾自己的房间与书包、洗自己的袜子。如果父母代办的话，时间长了，孩子就会以为这是父母的事情，而不是他自己的。这样一来，孩子自然不会对自己的事情有什么责任感。

在培养孩子的责任感时，家庭这块阵地不容忽视。因为家庭是孩子发育发展的重要场所，尤其是小时候，孩子待在家里的时间远比他在学校和户外的时间多。父母要有意识地提升孩子在家庭中的主体地位，让他积极参与家庭事务，无论事情与孩子有无关系，都可以让孩子发表自己的看法，出谋划策。当孩子提出的想法很有意义并被采纳时，父母要及时鼓励和表扬，让孩子感觉到自己在家庭中的重要性，进而产生对家庭的责任感。另外，家务最好要有明确分工，比如爸爸应当做什么，妈妈应当做什么，孩子应当做什么，都要事先规定好。当然，孩子的家务也要适量，以免耽误学习。到了寒暑假，孩子的空闲时间较多，可以让他当一段时间的家，前提是不会给家庭造成损失。父母会看到孩子在当家的过程中学到了很多东西，责任感也大大增强。

与此同时，父母要善于运用赏识教育。当孩子无意识地做了自己的事情时，可以趁机夸奖他，告诉他虽然他做的是他自己的事情，但是说明他已经懂事了，懂得替大人分忧了，等等。这样孩子会以做好自己的事情为荣，慢慢地形成习惯，把完成自己的事情看成一种责任。

当孩子犯了错误，父母要引导他勇敢地承担责任。比如孩子弄坏了别人的玩具，父母要让他明白是因为他的过失才造成这样的后果，然后陪他去买玩具赔给对方并且道歉。这样做一是可以使孩子摆脱以自我为中心，知道外部世界不能让他为所欲为，学会协调与他人的关系；二是让他遭受必要的挫折，体验后悔、难过、害怕的感觉。当然，孩子也可以自己提出补救的办法，这将促使孩子反省自己的行为，增强责任感。如果孩子提出的补救办法不够好，父母可以提出建议，供孩子参考。

阅读小贴士：

美国心理学家艾尔森曾经对世界100个来自不同领域的杰出人物做过一个问卷调查，结果令人惊讶，其中61位杰出人士承认，他们所从事的职业，并不是他们最喜欢做的，至少不是他们心目中最理想的。但这些人在自己并不是很喜欢的领域里取得了辉煌的成就，除了聪明和勤奋之外，他们究竟靠的是什么呢？

带着这样的疑问，艾尔森走访了许多成功人士，发现他们的想法惊人的一致——因为种种原因，这些人常常被安排到自己并不十分喜欢的领域，从事不大理想的工作，一时又无法改变。这时，任何的抱怨、消极、懈怠，都是不可取的，唯有把那份工作当作一种不可推卸的责任，全身心地投入其中，才是正确与明智的选择。正是由于这种"在其位，谋其政，尽其责，成其事"的高度责任感，他们才获得了令人瞩目的成就。

3. 纠正孩子说脏话的毛病

生活中，不少孩子骂过人或说过一些脏话，他们之所以这样做，有的是想表现自己的独立性，有的是出于愤怒，还有的是觉得骂人很刺激。

按照幼儿的心理发展水平，孩子说脏话可分为以下三种情况：

一是模仿性脏话。年幼的孩子往往没有是非观念，别人说一句骂人的话，他觉得好玩，于是也跟着骂人，这是孩子说脏话的一种普遍心理。

二是习惯性脏话。如果孩子的模仿性脏话得到成人的默许或者赞赏，那么，孩子说脏话就会成为一种习惯。

三是有意识的脏话。3岁以上的孩子说脏话时，除了好玩、互相模仿外，还具有一定的选择性，他们能够初步理解脏话的含义，并对特定的对象说脏话，这就是一种有意识的行为。当然，也有些孩子是在与小伙伴发生矛盾或者受了欺负时才被迫说脏话，以此发泄自己的不满。

在孩子的语言爆发期，他们会学习模仿很多话语，电视剧、动画片、广告、父母之间的交流，甚至大街上从身边走过的人说句话，他们都能记住。于是，很多不好听的词汇也不可避免地进入了孩子的耳朵，最后"出口成脏"。这个时候，如果大人总是厉声喝止，往往会事与愿违，越不让说孩子越想说。

在大家眼里，5岁的小凯是个活泼可爱又懂事的孩子，但是现在，他似乎变了，跟别人说话的时候，经常会冒出一两句脏话来，比如"你是笨蛋啊""赶快滚开"之类。有一个周末，妈妈带他去参加朋友聚会，他带了一个变形金刚的玩具。朋友觉得他好玩，就对他说："小凯，你的变形金刚怎么玩，教我玩好不好？"小凯很高兴地答应了。教了几遍之后，朋友装作还是不懂的样子，故意逗小凯，结果他不耐烦了，一把抢过自己的玩具，说道："你怎么笨得像猪一样，我不想教你了！"妈妈听了非常尴尬，朋友也呆住了。

妈妈随即严厉地教训了小凯，他也哭着承认了错误，并且道了歉。可是还没过一天，他的嘴里又开始时不时地冒出脏话来。

语言是一种虽不见血，但最锋利的武器，无论是谁都受不了语言的攻击。父母要引导孩子用文明的语言表达内心的感受。比如，孩子很愤怒时，可以教孩子这样表达："我很不高兴，请你不要这样做了。"当孩子十分兴奋时，告诉孩子可以这样表达："哇，太棒了，太好了！"

为了防止孩子模仿，父母平时说话就要文明，即便是成人之间的对话也要讲究分寸，尤其是孩子在场时，不要有不文明的语言。在处理不和谐的事情时更要注意控制自己的情绪，保持理智，不要一时气急，张嘴就骂；也不能当着孩子的面数落或咒骂任何人。

三四岁的孩子会将不文明的语言当作好玩的事情，但他并不带任何恶意，所以父母不要因此觉得孩子学坏了。不要表现得太过惊讶或愤怒，否则孩子会根据父母的反应做出判断，认为这样做可以引起父母的强烈反应，这是个很有意思的游戏，从而说出更多的不文明语言。父母正确的做法是不予理睬，不要给孩子过多的关注。

当孩子发现这些话无法引起父母的情绪波动时，自然会放弃这种不恰当的表达方式。

对于年龄稍大一些的孩子，他的语言攻击一般是有意识的，针对性也很强。父母要多关注孩子为什么会说出这样的话，了解孩子产生这种情绪的真正原因，更重要的是将孩子关注的中心转移到如何解决问题上。不要忙着去纠正孩子，等孩子平静下来后，告诉他因为生气而咒骂他人不是理智的做法，而是无能的表现。他可以选择其他的发泄渠道，比如找个没人的地方大吼一番。同时，他应该认真思考产生这个问题的原因，想想应该如何化解双方的矛盾。少一些斤斤计较，多一些微笑与宽容，这才是与人交往的法宝。

当孩子故意说一些粗话脏话，并且在多次解释和劝告都无济于事的情况下，父母应该立即采取措施来制止孩子，使孩子深刻认识到说脏话会给自己带来的不良后果，从而改正自己的行为。

阅读小贴士：

诅咒敏感期，是指儿童在学习语言初期（一般为3岁左右）接触到一些脏话或者带有诅咒性质的语言后，喜欢不分场合地使用，越是被制止就越喜欢使用，但过了这个阶段又会恢复正常。专家将这个时期称为诅咒敏感期。当孩子发现语言本身是有力量的，尤其是有些话能够像利剑一样刺伤别人时，就会使用强而有力的语言来试探、展示自己的力量，观察别人的反应。

要解决这个问题，父母一方面可以采取冷处理的方式，即对孩子的不良语言不闻不问，或者表现出这样做一点也不好玩的态度。另外，还有必要适当减少孩子接触具有习惯性脏话行为的孩子或成年人。

4. 杜绝孩子的攻击行为

生活中,孩子打人的行为十分常见,下面这些现象相信父母们一点儿也不陌生:当一个小婴儿被阻止抓扯妈妈的项链时,他可能会条件反射似的拍打妈妈的脸或抓妈妈的头发;孩子稍大后,当他跟其他孩子一起玩耍时,看上了对方手里的玩具却遭到拒绝,他可能会毫不犹豫地咬对方的手;再大一些的孩子,当他在溜滑梯时,如果有其他孩子在前面挡道,他可能会愤怒地推搡对方……这便是孩子的攻击行为。

在6岁以前,孩子主要以家庭中最亲密的人为模仿对象。如果父母情绪容易冲动、夫妻之间存在暴力冲突;或者父母在教育孩子时经常采用暴力,而不是和孩子讲道理,孩子就会从中学会用暴力解决问题。

另外,如果家庭中缺少温暖,或者父母太忙而忽略孩子、很少与孩子交流,缺少爱的孩子往往会有两种倾向:一种是封闭自己的内在需要,表面上显得乖巧听话;另一种就是富于攻击性,用暴力来保护自己。

调查显示,具有助人、友好、合作、快乐等特点的孩子,容易被同伴接受;而具有攻击性、破坏性强、易争吵、好打斗等特点的孩子，则容易被同伴排斥。为了让孩子与人友好相处，父母要有意识地培养其良好的性格与行为。

我们来看一个案例：公园里有两个小男孩在玩耍追逐，一个穿白衣，一个穿蓝衣。玩到兴奋处，白衣小男孩拿起手中的玩具枪砸在蓝衣小男孩的头上，蓝衣小男孩顿时哇哇大哭起来，一边哭一边跑去告诉妈妈。白衣小男孩的妈妈觉得过意不去，在孩子的手掌上狠狠地打了两下："看你还敢不敢打人，让你尝尝被打的滋味……"结果两个孩子一起哭了。

像这样的事情生活中并不少见，很显然白衣小男孩的妈妈的做法是错误的。遇到孩子攻击他人，父母首先要做的是及时制止孩子的攻击行为。制止时要果断迅速，别用哄劝的方式，最好直接将孩子带离被攻击对象，并明确表示父母不喜欢他的做法，这是一种错误的行为。假如孩子不听话，那就让他自己待一会儿。在这一时期，父母不能太过严厉地训斥孩子，也不要用哀求的语气，只需简单明了地说明自己的想法即可。

即使好言好语相劝无效，也绝不能对孩子动手。如果父母通过以牙还牙"打"孩子的方式来纠正孩子，虽然短期内可以抑制孩子的行为，却无法纠正孩子的打人行为，相反还会让孩子觉得"打"是一种正确的制止对方的方式，只不过自己现在还不够强大。

父母平时要多与孩子近距离接触，细心观察，参与孩子的游戏、教育及社会交往，以便及时发现孩子的异常行为，尽早进行纠正。比如发现孩子有自卑、多疑、暴躁的倾向，应尽量了解孩子内心的想法，帮助他消除负面情绪。

一般来说，年龄小的孩子不会有恶意攻击的行为，年龄大一些的孩子可能是因为某些原因的驱使才采取这样的行为。比如经常接触暴力游戏和影视剧的孩子，会产生一种错觉，认为暴力可以解决所有问题，伤害别人也能成为英雄。所以，带有暴力倾向的电视节目和不良的电子游戏、书籍都应该禁止孩子接触。

了解了孩子打人的原因后，父母对孩子的攻击行为反应不宜过于强烈，而应保持平静，拿出之前的规矩来约束孩子，同时引导孩子学会表达友好，并让他多做练习。比如，教孩子用抚摸别人的头发来代替揪头发的动作，鼓励他用轻轻的握手来代替抓挠，引导他用轮流行动来代替争抢，等等。父母可以做一些示范，然后鼓励孩子模仿。还可以和孩子约定，如果他有了友好的表现，就会受到表扬，反之则会受到惩罚，比如减少他出门玩耍的时间、取消一次他喜欢的活动等。

5. 纠正孩子的霸道任性

生活中，有的孩子性情暴躁、任性自私，好东西独自霸占不许别人沾手，否则就大哭大闹；人际交往中不讲礼貌，一不高兴张口就骂，举手就打；对小朋友不讲友爱，不讲团结，以自我为中心，俨然是一个小霸王，犯了错误听不进批评，还蛮不讲理。

这些孩子一般在家里备受宠爱，只要是孩子想要的东西，大人都会顺着孩子的意思，虽然有时只是想息事宁人，久而久之却使孩子变得任性霸道。与人相处时，孩子总想行使自己的权利，认为自己可以掌控一切，实际上，游戏规则已经变化了，他必须遵从另一种规则，于是孩子就用尖叫、强占等过激行为来表达自己的愤怒。

孩子的霸道行为表面上看是不吃亏，但是，这种行为对孩子的成长毫无好处，也不会受到人们的欢迎。有些父母可能会纳闷，自己并没有教孩子这样做，孩子是怎么变得这么霸道的呢？

一是天生气质。每个孩子天生的气质和个性都不同，有一种气质类型的孩子容易在困难和挫折面前表现出鲁莽、冲动以及易怒的情绪，正是这种情绪间接引发了孩子的霸道行为。

二是自我意识。有的孩子自我意识很强，个性独立，什么事都以自己为中心，尤其是在集体中，他希望别人能服从自己，这也是一种霸道的表现。

三是环境影响。有的孩子在家庭生活中缺乏温暖，父母常常使用强制手段来对待孩子；或者父母缺乏民主作风，孩子没有应有的自主权。在这样的环境中长大的孩子，与人相处时可能会把受压抑的情绪发泄到别人身上，或是模仿父母的行为，凭借自己个高力大或其他优势条件盛气凌人，强迫别人按照自己的意图行事。

四是错误认识。有的孩子可能平时较为压抑，一旦他采取对抗行为并且取得胜利后，就会错误地认为武力可以征服一切，于是常常使用武力来欺负其他孩子。

五是家人溺爱。现在的孩子，从出生那一刻起就成了家里的"小太阳"，只要是孩子需要的，父母或家人就会想方设法满足孩子，时间久了，孩子自然而然就认为"我想要的就能得到"，表现在行动上就是动手抢别人的东西，就像下面的两个孩子：

小区的院子里有两个专供孩子们玩的秋千，玲玲去玩秋千时，总喜欢把另一个秋千的吊绳也拿在手里，当别的孩子要玩时，她就尖叫着不让其他孩子碰。秋千本来是属于大家的，玲玲却把它当成自己的了。

妈妈带毛毛去游乐场玩，明明很多玩乐区都空着没有人玩，但他偏要去和别的孩子争抢，先是把正在玩秋千的小朋友推下去，一会儿又挤到别人正玩得高兴的积木区，把别人搭的城堡破坏掉。很快，毛毛便成了大家都讨厌的"小霸王"。

要想改变孩子这种霸道任性的行为，父母要注意自己的言行，更要试着让孩子具有同理心，学会换位思考，这样孩子才能从与同伴友好的相处中获得乐趣。

很多孩子在家里对东西有着优先使用权，父母总是处处让着孩子，尤其是独生子女家庭。但是，这种围着孩子转的相处方式很容易让孩子产生误解，好像所有人都要让着他。在这种环境中，孩子没有先来后到的意识，结果就变成了别人眼中的"小霸王"，这是因为孩子在家里从来没有遵守顺序的规矩。对此，父母可以在家里和孩子练习守序，谁先拿到水果就归谁，谁先到达洗手间谁就可以先洗手，谁先拿到玩具谁就先玩，后来者要排队等待……慢慢地帮助孩子树立规矩意识。或者利用孩子注意力持续时间短的特点来转移其注意力，比如孩子在秋千上赖着不肯走，可以劝他说："走，我们去滑滑梯。"孩子或许会高兴地答应下来。

对于喜欢采取暴力手段来强迫其他孩子服从自己的孩子，比如要玩具没有得逞就会打人、咬人，父母要明确地告诉孩子，暴力行为是错误的、不可取的，不让他这样做不仅是因为父母不喜欢，而且也因为这种行为会使他失去朋友。然后，父母要和孩子一起想想遇到同样的问题应该怎样解决。

为了让孩子学会换位思考，父母还可以请大一点的孩子来配合出演一场戏，当孩子无法通过霸道行为来赢得自己想要的东西时，他就会自觉遵守游戏规则，如排队等候，不占着玩不了的玩具，与其他孩子分享。父母也可以让孩子接受一些挫折，在别人批评他霸道时，只做一个旁观者，事后再向他说明他错在哪里。不必担心孩子受委屈，只有在知道遵守规矩的时候，他才会明白怎样做个受人欢迎的孩子。

阅读小贴士：

国外研究显示，在家常受身体暴力的孩子，在自我认知上可能会失衡。父母的暴力行为让他们从小就觉得自己是不受欢迎的人，从而自卑敏感，甚至表露出自我厌憎的情绪，对学习、工作均缺乏信心，一旦遇到挫折就想放弃。

在婚恋关系上，他们可能表现得缺乏信任，冷漠而疏离。因为他们从小承受暴力，潜意识里认为，再亲密的人都有可能突然翻脸，满怀敌意。所以，面对别人的爱与热情，他们始终带着畏怯与猜疑。

在身体健康上，他们也面临危机，因为从小处于消极情绪和高度紧张之中，天长日久，心理压力引致生理紊乱，结果产生严重的睡眠问题、心脏和肠道问题。

6. 纠正孩子外出撒泼的行为

刘鹏每次带儿子出门都感到头疼，因为每次一到超市或商场，孩子看到自己喜欢的东西就一定要买，如果不给他买，他就哭闹不止，有时干脆躺在地上打滚，引来很多人围观。刘鹏觉得丢人，每次都向孩子妥协。现在，他更难管住儿子了，每次出门，儿子一言不合就撒泼打滚。

相信很多父母都面临过类似的窘境，这是因为，在公共场合，孩子直接面对的刺激因素更多。在超市或者商场，人们来回穿梭，或者不小心碰到别人而引发争吵，或者在一起聊天。耀眼的灯光、斑斓的色彩、嘈杂的声音、好看的玩具，无一不在吸引孩子的眼球、分散孩子的注意力，当这一切一股脑地摆在他的面前时，他会受到过度的刺激，控制自己行为的能力也大大降低。

再如，走亲戚时，孩子通常会和不常见面的表兄弟姐妹打闹成一团，为难得在一起玩的机会而激动不已。而这种玩闹会涉及很多的肢体活动，从而加剧孩子的兴奋程度，使孩子很难保持良好的自控力。

要想让孩子在外面自觉遵守规矩，父母带孩子外出之前要确保孩子知道父母希望他怎么做。这一步最好在路上完成，因为孩子的记忆很短暂，讲得太早，他会记不住。孩子越小，父母的期望就越不能太高。比如，4岁的孩子每次只能遵守一条规矩，而9岁的孩子通常能遵循两三条规矩。向孩子说明规矩的时候一定要明确、详细，比如："不要从妈妈身边跑开。""没有爸爸妈妈的允许，不许乱碰东西。"不要太过笼统，比如"你要听话"或"不能乱来"，孩子不一定明白父母真正的意思。然后，让孩子复述这些规矩，确保他已经明白了父母的要求，包括父母只会警告他一次。

可以告诉孩子，如果他遵守规矩会得到什么奖励，比如一包糖、一个小礼物、在家里的某些特权等。答应孩子的奖励一定要落实，这样孩子下次才会继续遵守规矩。

如果孩子在外面违反了约定，一定要及时提醒他，告诉他相应的惩罚。如果孩子不听，直接告诉他奖励没有了，这次外出他得不到任何奖励。在很多情况下，这也相当于给了孩子惩罚。不过，有些时候父母也可以设置一定的消极后果，特别是事情比较严重时，比如孩子从父母身边跑开后，陷入危险之中。最后，让孩子复述父母规定的奖惩结果：遵守规矩会得到什么，反之会失去什么。

如果孩子开始闹脾气，并且愈演愈烈，父母应马上阻止：将孩子带到一边，避开旁人，以温和、冷静的态度跟孩子沟通，尽量让他冷静下来。如果当着其他人的面，孩子会窘迫不安，只会更加生气。

阅读小贴士：

有的时候，孩子哭闹其实是在与大人沟通，而且是一种饱含情绪的沟通方式。在这个过程中，他们一直期待得到父母的安抚和理解。如果孩子知道父母懂得自己的需求，那么他就不会那么歇斯底里。所以，当孩子"无理取闹"时，父母要学会表达共情。但要注意，温和的是态度和情感，而不是无原则的妥协。

7. 正确对待孩子顶嘴的行为

在中国,一般的家庭都信奉"听话"教育,父母们普遍认为听话的孩子就是好孩子,不听话爱顶嘴的孩子是坏孩子。"听话"可以说是父母对孩子讲的次数最多、教育孩子时使用频率最高的一个词,孩子在家里被要求听父母的话,上学后被叮嘱要听老师的话。总之,听话的孩子招人疼、惹人爱,不听话的孩子则招人嫌、惹人厌。

早上吃完早餐,妈妈对小玉说:"离上学时间还早,妈妈考考你昨天晚上要求熟读的生字吧。"但小玉却继续摆弄着手里的玩具,说:"我要玩一会儿,我不想读。"妈妈有些着急了:"不行,赶紧给我读生字。"小玉一脸倔强地说:"为什么什么都要听你的?"妈妈怒道:"我是你妈,你就得听我的。"爸爸见母女俩的谈话有了火药味,赶紧过来解围:"早晨堵车,我送小玉上学去了,省得迟到。"

下午放学后,妈妈接小玉回到家,看到老师在微信群里发了作业通知,便对小玉说:"快写作业吧,今天作业比较多,吃饭前写一半,吃饭后再写一半。"但小玉却说:"我吃完饭再一起写吧,现在我想先玩一会儿。"妈妈想起早晨的事情,不高兴地说:"早上你也说要先玩一会儿,现在必须听我的。"小玉说:"我自己的事情,想什么时候做就什么时候做。"

接下来几天,小玉频繁地顶嘴,不管妈妈说什么,她都要反着说。

一般来说，孩子顶撞父母大致有以下几种原因：

（1）父母不了解孩子，缺乏足够的沟通交流。父母总想用自己的人生经验去指导孩子，认为这些经验对孩子很有用，总是不容孩子分辩和诉说，一味地去灌输和教育。孩子压抑久了，随着年龄的增长，慢慢就会和父母顶起嘴来。

（2）教育方式过于简单。再小的孩子心里也有一杆秤，如果父母在教育孩子时不肯多花心思，仅仅凭着一时的喜怒去赞扬或批评孩子，或对孩子发号施令、训斥孩子，时间一长，孩子就不会再买父母的账。

（3）不顾及孩子的感受。有些父母在教育孩子时总是摆家长的架子，处理问题的方式简单粗暴，不容孩子辩解，批评教训孩子不分时间和场合。孩子也是有自尊的，父母的这些做法会使孩子感到自己的形象和尊严受到了损害，从而产生抵触心理。

（4）父母所持的观点是错误的。人无完人，为人父母者也不一定什么都懂，他们有时所持的观点本身就是错误的，孩子对此难以苟同，自然会进行辩驳。

孩子身上的问题一般可以追溯到父母身上，当孩子顶嘴时，父母不能只看到孩子的不是，也应该反思一下自己。如果父母自己都时常顶嘴，跟老人发生冲突，就无法让孩子心悦诚服地听话。因此，父母要以身作则，在日常生活中保持平和心态，不急不躁，遇到长辈时言行尊敬，如此孩子自然会听从父母的教导而不再顶嘴。

为了让孩子有话直说，父母不应时刻以权威自居，不妨在家里营造足够的民主气氛，谁有理就听谁的，大家各抒己见。这样才能赢得孩子的信任，鼓励他说出自己的感受，及时解决孩子身上的问题。父母不必担心自己会失去威信，其实父母越这样做，越能赢得孩子的理解和认同，也更能获得孩子的尊重。

孩子虽然小，但也有自己的想法。顶嘴的时候，孩子往往情绪亢奋，这时，父母最好与他保持一定的距离，不要去回应他，给双方一个冷静的时间。告诉孩子如何正确表达自己的情绪。比如，他可以说出他的全部想法，可以告诉父母他感觉很难过。如果他很生气，可以暂时不说话，等到不那么生气了再和父母说。同时，父母也要学会控制自己的愤怒情绪，暂时不去想孩子刚才说过什么，先做点别的事情，转移一下注意力，重新理顺自己的思路，想想下一步应该怎样做。等到双方都平静下来，才是解决问题的最佳时机。可以和孩子聊一聊，了解一下他对某件事的看法，然后和颜悦色地说明自己的想法。在这个过程中要表现出对孩子的尊重，认真倾听孩子说话，不打断，不反驳。

有时孩子在玩游戏或看电视，身心还沉浸在愉悦的享受中，如果父母强令他停止，马上去弹钢琴或睡觉，孩子无法一下子从当前的活动中脱离出来，就会顶嘴。对此，父母应该给孩子适当的缓冲时间，比如告诉他："妈妈现在去刷牙，等我回来时希望看到电视已经关掉了！"或者告诉他，时针指到哪个数字时就要去弹琴。这样说不仅语气和缓，孩子也通常会乖乖听话。一旦形成规律，成为孩子的习惯，再执行起来就会容易得多。

阅读小贴士：

德国心理学家认为，能够与长辈争辩的孩子，在成长中往往更具潜质。2012年，美国一所大学的心理学研究人员通过研究证实：经常与父母顶嘴的小孩，比温顺听话的所谓乖小孩，更不容易出现未成年喝酒等不良行为。

另有相关研究表明，在反抗性较强的孩子中，有80%长大以后独立判断能力较强；而在反抗性较弱的孩子中，只有24%长大以后能够独立行事。会顶嘴的孩子往往更具独立潜质。

8. 教孩子懂得感恩

教育学家说,由于人与人之间相处出现功利化趋势,如今有些孩子缺少感恩思想,冷漠与自私心理严重,而出现这种现象,与家庭教育、社会教育和学校教育有着直接关系。

许多孩子认为父母有责任让自己过上舒服的日子,父母善待自己是理所当然的事情。不少父母也不遗余力地爱自己的孩子,甚至超出了自身能力,但他们的付出不仅没有换来孩子的感激,孩子还觉得自己不幸福,稍不如意就怨天尤人。这主要是因为父母忽视了培养孩子的感恩意识。下面这位妈妈的遭遇值得我们深思:

刘洁生孩子时大出血,在手术台上抢救了很久才转危为安,自此以后她的身体一直不太好。也许是因为孩子得来不容易,夫妻俩都很疼爱孩子。每次跟别人聊天,刘洁的话题都以女儿开始,再以女儿结束,很少说起自己。她一心为着女儿,每天变着花样给女儿做好吃的,生怕有一餐不合女儿的胃口,让孩子吃少了。

刘洁在照顾女儿方面也确实尽心尽责,每天女儿放学回到家,她都会把精心准备的饭菜摆在桌子上,衣服洗干净叠好放柜子里,并把第二天要换的衣服给女儿放在床头。有一回天气热,她给女儿穿的衣服有些厚,女儿上学后,她还在家自责了好久。可就是这样一位尽职尽责、无微不至地照顾女儿的妈妈，每天却要接受孩子的责备与挑剔。女儿从来不觉得妈妈为她付出有多辛苦，好像自己享受到的一切都是理所应当的。

高尔基说："爱孩子，那是连母鸡也会做的事，而真正教育他们则是一件大事。"所以，如果父母只是给予孩子过分的爱，便混淆了人与动物的区别。

只有让孩子懂得感恩，他的内心才会充实，头脑才会理智，人生才会有更多的幸福。常怀感恩之心，这个世界才会变得更加美丽。

为了让孩子学会感恩，父母应该以身作则，为孩子做表率。与长辈相处时，态度应谦逊有礼、关心体贴。平时工作再忙再累，也要在假期带孩子去看望双方的老人；每逢节假日、老人生日时，可以和孩子一起为老人选购礼物；春暖花开时带孩子一起陪老人外出游玩，赏花观景；朋友送来的稀罕食品先给老人留出一份；等等。也就是说，父母要用自己对长辈的关爱来潜移默化地感染孩子，让孩子拥有一颗感恩之心。

有时也要给予孩子关心父母、为家庭付出的机会。比如，孩子一岁半的时候，已经可以把自己吃剩的果皮扔到垃圾桶里；孩子三岁半时，父母回家可以帮忙拿拖鞋；孩子五岁半时，日常生活中的小事，比如洗袜子、收拾碗筷、扫地等事情可以交给孩子去做。如果需要孩子的帮助，父母一定要告诉孩子，孩子才会表现出强大的责任感。假如孩子不知道应该怎么做，父母要做出示范，比如爸爸生病了，妈妈可以和孩子一起给爸爸倒水、拿药、量体温、盖被子……大一点的孩子，可以在父母生病的时候让他帮忙做些事情，这样既锻炼了孩子的做事能力，又增强了他的责任感。

有些父母习惯自己扛下所有的苦和累，不让孩子吃一点苦，以至于孩子养成了浪费、奢侈的坏习惯，不知道父母挣钱不易，只是一味地向父母索取，认为父母供自己吃喝玩乐是天经地义的事情。这样培养出来的孩子不会有感恩之心。所以，父母有必要让孩子了解自己的工作和收入情况，说得越具体越好，这样孩子才知道珍惜父母的劳动成果，明白财富来之不易，从而珍惜自己的生活，感激和敬重父母。

9. 遵守公共场合的规矩

社会中，规矩是人们约定俗成、和平共处的基础。自由的前提是规矩，不管不顾的自由不是真正的自由。一个人的修养和素质，正体现在对规矩的认识和遵守上。

中国的孩子之所以普遍缺乏规矩意识，是因为在很多父母看来，孩子的天性高于规矩。孩子天性好动，所以可以跑、可以闹，可以肆无忌惮地大声喧哗。于是，越来越多的孩子无视规矩，结果酿成了越来越多的悲剧。

在江苏无锡的一家火锅店里，很多人在里面用餐，这时，有个小男孩在走道上跑来跑去，他的妈妈慢悠悠地跟在后面，当小男孩跑到一处拐角的时候，悲剧发生了——他撞上了一个服务员，而服务员的手上端着一锅烤鱼，孩子的额头刚好贴到滚烫的烤鱼锅上，结果导致多处烫伤。事后，孩子的父母态度嚣张地向火锅店索取39万元的赔偿："钱不钱的不重要，谁家小孩被烫成这样不值39万？"孩子和父母的责任被甩得一干二净。

孩子有权利活泼，周围的人也有权利享受安静、舒适和不被打扰的环境。面对把天性凌驾在社会规则上的熊孩子，父母应该醒醒了。只图孩子释放天性，那叫任性；不让孩子给周围的人添麻烦，这才是为人父母的责任。

下面这个案例，或许会让你更加清楚父母的教育力量。

有一次，宋浩和妈妈一起坐火车去旅行，在火车上他一路吵吵嚷嚷的，妈妈反复地跟他说声音要小一些，以免吵到其他人。但他总是安静一会儿就又开始大声说话。于是，妈妈就在下一站，离目的地还有四五个小时车程的车站提前下车了。

下车后，妈妈严肃地说："我明白你有说话的欲望，所以我尊重你，但我也要尊重车上的其他人，你现在想怎么说就怎么说，等你说好了，说完了，不会再打扰车上的人了，我们就什么时候买票走。"

后来，宋浩和妈妈在这个陌生的车站待了七八个小时，中途他也大哭大闹地说要离开这里，但是妈妈平静地表示："这是你自己犯了错误，你要学会自己承担，你要哭闹就继续哭闹，哭饿了我这里还有吃的。我不会因为你哭闹就答应你的任何要求，现在不会，以后也不会。"直到宋浩保证上车后不再大声说话，不再打扰别人，妈妈才重新买了车票。从那以后，宋浩再也没有在公众场所大声喧哗过。

要想让孩子学会遵守公共场合的规矩，父母应该从小教导孩子什么地方应该保持安静，什么地方可以说话、走动。带孩子去看电影，应该告诉孩子："看电影的时候一定要保持安静，不能大吃大嚼，不能大声喧哗，否则周围的人会受到打扰，那样做很没礼貌。"如果父母坚持这样教育和引导孩子，会让孩子从小知道遵守公共秩序，知道自己的行为可能会影响别人，从而养成遵守公共秩序的好习惯。

生活中，很多场合都需要排队，游乐场需要排队、超市结账的时候要排队、银行办理业务的时候要排队，有时队伍似乎长得无穷无尽，这时，有些孩子就会反应强烈或者嚷嚷：为什么我不能排到前面？有些孩子为了早点进入游乐场或者玩自己想玩的游戏，甚至直接拉着大人往前插队。这种行为是很不礼貌的，父母应该提醒孩子主动排队，不插队！

如果带孩子乘坐火车、飞机，父母应该提前做好准备，给孩子准备食物就是其中的一项重要内容。在上火车之前，应当和孩子说清楚，在火车上不要大声喧哗，要保持安静。到了中午，提前让孩子吃东西，之后哄孩子睡觉。为了打发旅途的无聊，可以带些孩子喜欢的图书或玩具，让他有事可干，就不会到处乱窜了。

如果孩子喜欢尖叫，可以让他在家中试试尽情尖叫，之后再小声地对他说："好了，现在我们来比赛看看谁的声音最小。"接着和他玩"你就像我这样做"的游戏，比如把手举过头顶，或者抬抬脚、拍拍腿等。这样一来，尖叫就变成了他能做的趣事之一。遇到孩子在公共场合尖叫，可以对他说："你叫起来像一头大老虎！现在我们来试试像一只小猫咪那样叫吧。"采用这种方式，孩子一般能安静下来。

当孩子实在无法停止吵闹行为时，父母应该果断带孩子离开现场。孩子都喜欢玩闹，有时似乎声音越大，玩得越尽兴，而且意识不到自己对他人造成了干扰。在这种情况下，如果父母用语言制止不了孩子，就要立刻采取行动——带孩子离开。

阅读小贴士：

以下是关于孩子社交能力评定的一些标准，家长不妨对照一下自己的孩子：

孩子会用语言表达自己的需求和想法吗？

孩子会倾听吗？

孩子会使用礼貌用语吗？

孩子能够等待吗？

孩子会分享吗？

孩子会帮助别人吗？

孩子诚实吗？（能区分想象和现实吗？）

孩子能遵守规则吗？

孩子会与他人合作吗？

孩子具有公德心、会爱护公物吗？

孩子有同理心吗？

孩子会赞美和欣赏他人吗？

孩子可以恰当地表达自己的爱和友善吗？

第六章　立规矩，让孩子学习更高效
——培养孩子高效学习的技能

孩子学习成绩总是一般，写作业总爱磨蹭，下午 5 点开始写作业，到晚上 9 点还没有完成……做什么事都像小蜗牛一样，这时父母就应该下决心给孩子立规矩。

1. 让规矩成为孩子兴趣的助力

几乎所有孩子都对小动物很感兴趣，在没有任何督促或要求的情况下，他们可以花大半天时间去观察一只蚂蚁、一只小鸟、一群蜜蜂或者一条小鱼。他们兴致勃勃，心无旁骛，即使阳光十分猛烈，汗水顺着脖子往下流也全然不在乎。然而，要让孩子花20分钟去背诵一段名篇或一首诗则比较困难。这就是兴趣的力量。

兴趣是孩子对事物的主动选择，诱导则可以促进和加强孩子的主动性，使兴趣变得持久、有目的。比如，一个在语言、空间、数学逻辑或动觉等方面有潜能的孩子，也常常会在这些方面表现出兴趣。尽管这种兴趣经常因为孩子的好动和注意力容易转移而不能持久，但这种天然的兴趣是不会改变的，除非遭到父母、老师等施加的强力压制。

但是我们也会发现，现实中将兴趣转化成自己的理想并最终获得成功的人并不多。很多人最后从事的工作与儿时的兴趣及童年的理想相去甚远，其中一个重要原因就是缺乏父母的推动和规范。

很多父母认为，孩子的兴趣不过就是好玩，很难成大器，因此常常抱着不支持、不反对、不参与的态度，放任孩子尽情玩耍，这样做虽然维护了孩子的天性，但也浪费了孩子的天赋。随着孩子年龄的增长，他们很可能会受到其他事物的吸引，产生新的兴趣，于是，原有的兴趣仅仅成为一种爱好，不会有什么大的建树。

小峰今年10岁，学习钢琴已经4年了。4年前他路过一家琴行，看到一个小哥哥在弹钢琴，觉得很帅，于是缠着妈妈要学钢琴。妈妈对小峰的兴趣非常支持，还专门给他买了一架钢琴。但在学完基础的指法后，小峰就有些懒散了，有兴致的时候才练习一段时间，或者遇到自己喜欢的曲子才用心练习。这使他的钢琴技巧没有多大长进。

一天，妈妈打扫卫生的时候发现钢琴上积了很多灰尘，意识到小峰已经很久没摸过钢琴了。妈妈觉得应该给小峰定个规矩，以免他荒废了自己的兴趣。下午小峰放学回家后，妈妈把他带到钢琴边，让他摸了摸钢琴上的灰，然后严肃地说："以前是你自己要求学钢琴，但是现在，你打算前功尽弃吗？"小峰听了妈妈的话，羞愧地说："我以后一定好好练琴。"

妈妈趁机给小峰定了一个规矩：每天练琴的时间不能少于2个小时，否则就把钢琴卖了，小峰以后永远不能再碰钢琴。在妈妈的监督和鼓励下，小峰的钢琴水平提高很快，他还立志要成为一名钢琴大师。

孩子的性情不稳定，如果没有父母的严格督导，即使设置了一定的规矩，也常常会出现三天打鱼两天晒网的情况。比如孩子喜欢拉小提琴，如果没有父母的督促，他很可能会完全按照自己的兴趣来练习，高兴的时候拉上半天，不高兴的时候可能几天都不拉一下。所以，父母要针对孩子的兴趣设立可行的规矩，比如要求孩子每天至少练习2个小时的小提琴，并进行监督。通过长期的规范，帮助孩子将兴趣转化成一种能力。

父母还可以让孩子参加丰富多彩的课外活动。比如，孩子对数学没有兴趣，可以鼓励孩子参加数学兴趣小组，多做数学趣味题，从而激发孩子学习数学的兴趣。

　　值得注意的是，孩子承受失败的能力较差，一旦遭遇失败，尤其是多次失败，可能会失去学习的兴趣和信心。因此，对于孩子的点滴进步和成功，父母应给予适当的表扬和鼓励。孩子体验到的成就感越多，兴趣就会越浓厚，长此以往，孩子自然就能好好学习，天天向上了。

　　除了鼓励、表扬之外，父母还要引导孩子学以致用，让孩子将学到的知识运用到实际生活中，解决实际问题。在这个过程中，孩子不仅可以加深记忆，还可以体验到知识的价值。

2. 合理安排学习时间

孩子渐渐长大后，需要学习各种基础知识。实际上，很多孩子从胎儿时期就开始学习了，准妈妈们会通过读诗或听音乐的方式对孩子实施胎教。当然，孩子真正开始学习一般是在3岁左右，这时，父母往往会将这个工作交给学校。不过，即使父母不能亲力亲为，亲自教孩子学习知识，也应该为孩子制定学习上的规矩。学习时间的安排是其中最重要的内容之一。

卡尔·威特是世界知名的教育家之一，他对儿子小卡尔·威特的成功教育，使他的教育方式受到了人们的关注、认可和推崇。在他的教育下，原本资质平平甚至有点呆滞的小卡尔·威特，成为一个具有传奇色彩的神童。

小卡尔·威特八九岁时就能自由运用德语、法语、意大利语、拉丁语、英语和希腊语，而且通晓动物学、植物学、物理学、化学，尤其擅长数学；9岁考入莱比锡大学；10岁进入哥廷根大学；13岁出版了《三角术》一书；14岁被授予哲学博士学位；16岁获得法学博士学位，并被任命为柏林大学的法学教授；23岁发表《但丁的误解》一书，成为研究但丁的权威。与那些过早失去后劲的神童不同，他一生都在德国的著名大学里从事教学工作，在赞扬声中一直活到

1883 年。

卡尔·威特表示，他对儿子的教育从孩子出生时便开始了。在儿子三四岁时，卡尔·威特经常带儿子到户外，将大自然中的各种事物指给儿子看，让儿子认识这些事物。比如，他对一朵野花进行解剖后，告诉儿子花的构造，或向儿子介绍一些石头的成分等。他没有让儿子进入学校念书，因为他认为父母就是孩子最好的老师。学校的教育模式十分生硬，不利于孩子的发展，任务式的学习方式会使孩子对学习产生厌恶感。

对于儿子在家中的学习，卡尔·威特规定的时间是不超过 3 个小时。如果儿子能用 2 个小时完成他安排的学习任务，就可以休息。如果超过 3 个小时，他会强制儿子休息，因为他认为一旦超过 3 个小时，就会影响孩子的学习效率，容易让孩子产生厌学的思想，或者让孩子成为书呆子。卡尔·威特一直按照这个时间来要求儿子，并试图让儿子将这个规矩当成一种习惯。

有些父母十分重视孩子的学习，天天盯着孩子写作业，帮孩子检查作业等。很多时候，学习更像是父母的事情。与其双方都累，不如帮孩子养成良好的学习习惯，制定正常的生活作息表或学习时间表。

首先，放学后是孩子唯一能够和伙伴们玩耍打闹的时间，所以，除了留出时间写作业之外，也应该给孩子一些自由时间，让他去和伙伴们玩。很多时候，孩子做事和学习的效率低，跟父母没有给孩子留出玩耍的时间有关，孩子丧失了玩的权利，对学习提不起兴趣，才会做事磨蹭、拖拉，造成恶性循环。因此，父母要让孩子自由支配一定的时间，去做自己喜欢的事情，在这个过程中，孩子对学习的兴趣和主动性也会渐渐培养起来。

在安排学习时间时，应根据孩子不同阶段的学习要求来进行。

比如孩子上幼儿园后，只要保证孩子能够完成老师布置的家庭任务就可以了。如果没有家庭任务，父母可以花半个小时左右给孩子讲一些简单的基础知识。孩子进入小学后，学习时间应该不少于完成家庭作业所需要的时间，还要留出一点时间让孩子学习课外知识，以丰富孩子的知识面，同时缓解孩子因为学习课本知识带来的紧张感，以及对枯燥引起的排斥和厌恶感。

很多父母望子成龙心切，认为孩子学习的时间越长越好，实际上这是一种错误的想法。在孩子不想学习或没有精力学习的情况下，花再多的时间也出不了成果，反而会导致孩子严重疲劳，对学习越来越不感兴趣。所以，孩子的学习时间应该以完成老师布置的作业为底线，在这个基础上留出一些时间来学习基础知识，比如复习功课、预习第二天学习的内容。

为了让孩子有效地按规律作息，父母可以给孩子买一只孩子喜欢的钟表，督促孩子严格执行时间计划。需要注意的是，有些时间不适宜写作业，比如临睡前，这时大脑没有白天敏捷，注意力也不容易集中。同样，孩子早晨上学前的时间也不适合写作业，因为这段时间很匆忙，孩子无法专心写作业，更谈不上通过写作业来学到知识了。还有，如果家中有几个孩子在上学，最好给他们设定相同的作业时间。这样，大家都容易记住这件事，父母也不会为监督孩子、忙其他事情而弄得晕头转向。同时，为了避免孩子们写着写着就玩起来，最好让他们在不同的房间写作业。

当孩子在规定的时间内完成作业后，可以给孩子买些小贴画、小礼物等作为奖励。当然，选择的小礼物要视孩子的喜好而定。

阅读小贴士：

　　学习上也有"马太效应"，也就是强者越强，弱者更弱。学习成绩优秀的孩子，完成作业之后的时间，还可以进一步充实自己，进行拓展式学习，为取得更好的成绩奠定基础；而成绩落后的孩子，作业完成得很艰难，因此剩下的时间也不多。时间一长，优秀的孩子更优秀，落后的孩子依然落后。要解决这个问题，不要去想怎样"挤"时间，而要掌握时间管理原则，想办法帮助孩子提高现有的时间利用率。

3. 培养孩子阅读的习惯

人的成长和发展离不开阅读，阅读可以让孩子在人生观、世界观、求知欲、感知力、知识面、思考能力、表达能力的形成、处理问题的方式等方面表现出明显的优势。因此，大力培养孩子的阅读习惯，将使孩子受益终身！

一位研究儿童心理学的博士曾对5103名一年级新生进行调查，其中有49个孩子在上学前已经接触过阅读。这位博士对这49个孩子进行了5年的跟踪调查，发现他们的学习成绩一直保持领先状态。

由此可见，早期阅读对孩子十分有利。但是，已经错过了孩子早期阅读时间的父母也不用着急，小学阶段仍是孩子阅读的黄金期，如果孩子能在这个时期掌握高效的阅读方法，阅读大量名人传记、文学名著、科普读物等，不仅有助于孩子确立积极的人生观、价值观，还可以提高孩子的学习能力。

阅读的规矩，最应该要定的是每天必须读书。父母应当尽量在每天的固定时间和孩子一起阅读，并且和孩子一起大声朗读。这大概是最传统的亲子阅读了，不管孩子处于什么年龄，都会喜欢这种温馨的亲子活动。

青少年教育学者尹建莉说过："爱阅读其实也是孩子的一种天

性,和他们爱玩的天性是一样的。父母要做的是,早早地把书籍引入他们的生活。"这样同时也给了孩子一个良好的家庭阅读气氛。父母可以利用陪孩子写作业的时间看书,不管是专业书还是小说都可以。孩子看到父母那么爱看书,无意中也会效仿。可以说,这是一种潜移默化的力量。

为了吸引孩子读书,最好给孩子开辟一块属于他自己的阅读空间,并准备一个孩子专用的书柜。孩子往往更愿意在自己的小天地里读书。为了充实自己的书柜,孩子会想买更多的书籍,也愿意去读更多的书籍。在这种良性循环中,孩子的阅读能力会渐渐得到提升。

还有的时候,孩子不是不喜欢看书,只是还没有找到自己喜欢看的书。有时父母自以为是地给孩子买回来很多好书,都是些排名靠前的畅销或经典图书,但这些是孩子想要看的书吗?当成人带着功利色彩为孩子选择自认为有益的书籍时,本身就破坏了孩子对阅读的兴趣。

所以,父母在引导孩子阅读时,切忌"以偏概全",以"有用"和"无用"来衡量书籍的价值。事实上,父母认为有用的书可能很枯燥乏味,无法激发孩子的阅读兴趣;而且这样的书读多了,还会让孩子对阅读产生厌恶情绪。

孩子爱看什么书,不爱看什么书,父母可以引导,但不应该过分限制。孩子读书,不像成人那样会有意识地选择一些书来拓宽自己的知识面,开阔眼界。如果让孩子自己选,孩子往往只读自己喜欢的类型,这样下去,孩子的思维就会受到限制。所以给孩子买书时,无论是天文地理、文史经哲,还是小说散文、漫画绘本,都应兼收并蓄。

4. 帮助孩子改掉健忘的毛病

播种行为，可以收获习惯；播种习惯，可以收获性格；播种性格，可以收获命运。相信大多数父母都有去学校给孩子送作业、学习用具的经历，孩子匆匆忙忙地赶着上学，发现东西忘带了就打电话给父母，于是，父母只得冒着上班迟到的风险，风风火火地赶去学校给孩子救场。然而，给孩子送了一次东西后，孩子很可能不久又会忘记带另一样东西，于是继续打电话向父母求助……

彤彤是个 8 岁的小男孩，虽然妈妈也会提醒他，但他上学时总是忘记带某样东西，而且从来不知道有什么作业要做。刚开始，妈妈会帮他把东西送到学校去，并在他放学后打电话问别的家长有什么作业。但是情况一直没有改善，因为彤彤觉得那不是他的责任！

后来，妈妈告诉他"你现在必须自己记住自己的事情"，刚开始彤彤并没有把妈妈的话放在心上。然而，接下来的几次体育课，因为没有带体育用品，他都坐了冷板凳。上数学课时，他发现自己没有带作业本，结果没有像平常那样得到奖励章。放学回到家，他气愤地对妈妈喊道："妈妈，你没有把东西给我！"但是，妈妈平静地说："明天你要自己记得带。"这一天，彤彤照旧不知道有什么作业，妈妈也不帮他问了，只是说："明天你得把要做的作业记下来。"彤彤知道，明天他必须向老师解释为什么没有做作业，这让他感到十分苦恼。更令他不开心的是，如果明天没有把作业补写完成，他必须在学校多留一个小时，直到把作业写完为止。不过，这次以后，他再也没有犯过这种错误了。

孩子之所以健忘，都是因为缺乏自我管理意识。倘若父母事事代劳，孩子的自我管理能力就很难提高，也就很难改掉健忘的毛病。

试想，哪个老板会放心把工作交给一个马马虎虎、丢三落四的员工？哪个老师愿意学生做事马虎、粗心大意？所以，孩子丢三落四、健忘绝不是小事，一定要及时纠正。

要想让孩子改掉健忘的毛病，父母要学会做"懒爸爸""懒妈妈"。现在的孩子在家里说什么是什么，即使不说，父母也会帮着做好。衣来伸手，饭来张口，长期如此，孩子会产生很强的依赖心理，也就很难真正地进行自我管理。

有条件的家庭可以给孩子一个专门的小柜子，摆放孩子的书本和玩具，要求孩子把课本、练习本、玩具分类摆放。平时督促孩子将东西放置有序，让孩子养成自觉收拾东西的习惯。坚决不放过任何一次不按规矩办事的行为，一旦发现，应马上要求孩子按规定摆放好。有时孩子因为乱塞乱丢而找不到自己的东西，父母不要帮忙寻找，先让孩子感受一下不按规定摆放的后果，最后再帮助孩子。

为了提醒孩子一些注意事项，父母可以做一个提示板，放在孩子容易看到的地方，比如带雨伞、红领巾、练习簿等。如果孩子做到了，可以有相应的物质奖励。渐渐地，出门及回家前查对应当携带的物品就会成为孩子必做的事情。

如果孩子丢了一件东西，也不要立即给他买新的，可以要求他干家务活挣零花钱，积攒起来去买这件东西，或是出一部分钱，让他体会到东西来之不易，下次就会小心一点了。

如果孩子总是屡教不改，不妨试试采用自然后果法，让孩子自食苦果，记住教训。比如，孩子出门走到半路想起将东西忘在家里了，父母不要替他去取，让他自己回去取，即使迟到，也要让孩子记住这个教训。到学校后，孩子发现忘带东西让父母送过来，一次两次可以，次数多了，父母要狠下心不给送，否则孩子有恃无恐，不会真正重视这个问题。

阅读小贴士：

以下方法可以有效增强孩子的记忆力。

1. 重复记忆：重复学习是记忆的基础，尤其像字词、术语、外语单词、历史年代、事件等枯燥乏味的东西，更需要循环往复地记忆。

2. 早晚记忆：根据心理学原理，早晚记忆分别只受"倒摄抑制"和"前摄抑制"干扰，因此记忆效果较好。

3. 读写记忆法：边说边记，多种分析器的协同合作也是提高记忆成效的重要方法。这种方法特别适合记忆字词、诗词、外语单词等。

4. 间隔记忆方法：读一本书，学一篇文章，最好分段交替进行记忆，记忆时间不宜过分集中。

5. 概要记忆法：在不可能把所有内容和细节都记下来的场合，如听故事、看电影，可以把其中心、梗概、主题记住；或先记一个粗略的框架，然后再设法回忆补充。

6. 选择记忆法：读书学习要学会抓住其中的重点、难点和关键，不要"眉毛胡子一把抓"，更不要"捡了芝麻，丢了西瓜"。

7. 实践记忆法：记忆是建立联系，实践则是巩固联系的最佳手段，让孩子把学到的东西运用到实际生活中去，在实践中加深理解，巩固记忆。

5. 帮助孩子改掉粗心大意的毛病

很多时候，孩子学习成绩不好便会以粗心为借口，而父母通常也会相信孩子，甚至替孩子找借口，他们似乎认为，孩子不懂学习方法才值得紧张，因为粗心而犯错是可以原谅的。

实际上，教会孩子一种解题方法很容易，让孩子学会认真则比较困难。但这是父母不得不做的工作，因为粗心会对孩子的一生产生不良影响。要想培养孩子的自控力，细心、沉稳、踏实等都是必备的。如果孩子经常因为粗心而做错题，就不仅仅是粗心的问题，而是能力问题。只有不粗心，孩子在学习上才有稳定的状态，考试成绩也比较稳定，不至于在重要考试中发挥失常。

著名教育家叶圣陶先生说："教育就是培养习惯，教会孩子思考。"父母一定要重视培养孩子日常的良好习惯，教会孩子独立思考、独立解决问题，而不是一味重视孩子的卷面分数，忽视孩子的粗心大意。

一位妈妈曾经这样介绍自己的经验：有时，我不会揪住孩子因为粗心而犯的错误不放，而是寻找机会表扬孩子的细心之处。比如孩子在没有父母提醒的情况下打扫了房间、孩子避免了一次以前经常会犯的错误等，我都会一一记录下来。我们家的墙壁上贴着一张细心表，孩子每细心一次，我就给他画一个五角星；集满五个五角星后，孩子会得到一个小奖励，比如吃一次麦当劳或必胜客等；当小奖励满两次时，孩子可以得到一个大奖励，比如买新衣服、买新的文具盒等。坚持一段时间后，我发现孩子的细心点越来越多，而粗心的毛病也明显改善了。

"你怎么总是屡教不改？""你真是一个马大哈，这粗心的毛病什么时候才能改掉？"当父母说出这样的话时，孩子自己也会丧失信心。人往往是有求证心理的，孩子更是如此。如果父母努力去寻找孩子的细心之处，并不失时机地肯定他、鼓励他，孩子便会感觉自己真的很细心。当孩子的细心之处越来越多时，细心便成为孩子的一种习惯。

要想纠正孩子粗心的毛病，还要避免作业疲劳。许多孩子作业前半部分完成得很好，后半部分则字迹潦草，错误百出，遇到这种情况，很多父母会说孩子粗心，其实这是疲劳所致。如果疲劳不能恢复，粗心问题就难以纠正。

当孩子因为粗心而犯错时，可以让孩子将错题集中记录下来，并和他一起分析做错的原因，看看问题出在哪里——是审错了题，没有正确理解题意，还是本来就不明白题目的意思？是一时忘了没有想起来还是知识确实存在不足？是抄错了答案还是本来就计算错误？找出了原因才能想办法克服。如果是审题的问题，那么就要提高审题能力，弄清题意，明确考查的内容和答题的指向及其要求，认真作答；如果是一时忘了记不起来，那么今后要就加强识记能力的训练培养；如果是抄写时抄错了答案，那么以后一定要认真抄写，抄写完后反复检查两遍。

有些孩子粗心大意实际上还是能力的问题，这就需要切实提高学习能力，让孩子认真上好每一堂课，上课前先预习，写作业前先复习，按时完成各科作业。孩子做练习题时，父母应要求他从审题读题，到解题步骤，到组织答案、书写答案，再到检查答案，都严格按照要求进行，不可敷衍了事。对于老师批阅后下发的作业本，父母也应要求孩子认真查看，一旦发现错误，要仔细分析原因并予以纠正，避免在后续的学习过程中犯下同样的错误。

阅读小贴士：

建立错题本时，必须注意以下内容：

1. 分门别类地把平时练习或模拟考试中做错的题进行整理、分析、归类。

2. 分析出现错误的原因，是答题失误还是思维方法错误、知识错误、运算错误，这是建立错题本最为关键的一步。

3. 把做错的题目在错题本上原原本本地抄一遍或剪下来贴在错题本上，并把原来错误的解法清晰地摘要在错题本上，并在下面留一块空白。

4. 纠正错误。当老师讲解正确答案时，用红笔在原题下面的空白处记下自己没有做出来或做错的原因分析，最后按老师讲解的正确思路，一步步规范地把原题做一遍，从而加深印象，逐步形成能力。

5. 定期归类、整理。比如把错题分成知识型错误、思维方法型错误、运算错误等几个部分。这个过程是再学习、再认识、再总结、再提高的过程，可以使孩子加深对知识的理解，更加牢固地掌握知识。

6. 父母辅导作业的规矩

"深夜 10 点,突然听到有个女人在咆哮:'是什么关系?'当我以一颗八卦的心准备等待一段感情故事时,却听到了下一句咆哮:'互为相反数!'"这是关于家长辅导孩子写作业的一个经典笑话。看了这个笑话,相信父母们都深有感触,辅导孩子做作业真是件苦差事,有的家长因此心肌梗死发作,有的家长因为怒拍桌子而把手拍成骨折。

"我也想做个温柔的妈妈,可是一陪孩子做作业,所有的耐心瞬间消失了。"对何洁来说,上一天班都没有辅导孩子做一个小时的作业累,"我不断地提醒自己要冷静,冷静,但最后总是忍不住要爆发。"

"我儿子现在六年级,从他一年级到现在,我一直陪着做作业,讲解题目,上初中我是真不会了。"提起辅导作业,关晓颖感到心有余而力不足,但她也盼着儿子赶紧上初中,因为她观察身边的朋友,等孩子上了初中后,父母就不用辅导作业了。

对于父母是否应该陪孩子写作业,历来众说纷纭。对于刚上小学的孩子来说,写作业时的坐姿、握笔方法等都容易犯错,需要父母的纠正和监督;而且孩子年龄小,自觉性也差,如果父母不陪着,很容易三心二意。这时,父母的陪伴可以帮助孩子形成一些好的学习习惯。

但是，如果父母一直陪着孩子写作业，也很容易使孩子产生依赖感，并且造成一系列问题：孩子写作业不够主动，每次必须父母催促才行；写作业也不专心，写一会儿就会观察父母是否在用心陪他，一旦发现父母在做自己的事情，就会提出抗议；父母发现孩子有写错的地方，往往会不自觉地进行纠正，结果造成孩子的抵触情绪；父母长期陪孩子写作业也容易给孩子造成一种错觉，那就是写作业是全家人要共同完成的一件事情，而不是孩子自己的事情。

那么，父母应该如何做才能培养孩子自觉写作业的好习惯呢？

有的父母认为，孩子写作业时给他准备一张干净整洁的书桌、一个安静的外部环境就可以了，而自己则沉迷在电视节目、游戏之中。在这样的环境中，孩子不可能全身心地投入到学习中去，因为他写作业的时候会觉得只有自己很累，而父母却很轻松快活。所以，父母在孩子写作业时尽量不要看电视、聊天，可以看书学习或者忙工作上的事情。

父母千万不要当监工，拿出警察抓小偷的本事，紧紧盯着孩子的一举一动，丝毫不放松。这样做的弊端是：孩子做作业时会有一种被监视的感觉，心理压力变大；孩子做对时父母往往默不作声，做错时就立刻指出来，孩子听到的都是负面评价，容易对学习失去信心；学习是一个思考的过程，父母不时打断孩子的思维，容易导致思路中断。正确的做法是：首先帮孩子安排任务，按照科目将要完成的作业分门别类；然后指导孩子从一门课开始写作业。一门课的作业完成后，让孩子把完成的作业交给父母过目，如果字迹清晰，大多数都做对了，即可批准完成。注意，不要过度要求作业的整洁度，只要能看清楚就行。但如果写得乱七八糟，或者大多数答案明显错误，也应该退还给孩子，让他重写。

在写作业的过程中，父母不要充当服务员，一会儿"口渴了吧，先喝杯水",一会儿"乖,你最喜欢吃的樱桃,快来尝尝",一会儿"铅笔秃了吧,妈妈帮你削削"……这些看起来很有爱的行为,其实是对孩子注意力的一种干扰,让孩子分心走神,无所适从。

如果孩子说"这道题我不会",父母该怎么办呢?假如这种情况经常发生,父母要和老师一起解决这个问题,因为很可能是孩子跟不上教学进度。如果孩子确实需要帮助,那就给予孩子指导,但不要代替孩子完成。首先让孩子反复读题,理解题意;然后根据原题编一个相似的例题,和孩子一起分析、讨论,弄懂弄通例题,再让孩子去做原题,训练孩子举一反三的思考能力。

对于有些难题,父母若一时编不好例题,可以针对原题分析关键点在哪里,找到什么条件就好解题了,让孩子根据父母的提示去思考、解答,而不能将答案直接列出来或告诉孩子第一步怎么做、第二步怎么做……这样做后患无穷,将使孩子养成依赖别人给答案的习惯,在学习中懒于思考。

当孩子完成作业后,父母应该检查孩子的功课,如果孩子完成得好,应该及时表扬;如果出现错误,一定要耐心帮孩子分析。如果是因为粗心而出现错误,可以给孩子设定一些小惩罚,比如减少玩乐的时间、惩罚孩子做点家务或者进行体育锻炼等,让孩子牢记检查的重要性。

阅读小贴士:

据一项调查显示,父母陪写作业已经成为亲子关系的一大杀手。有75.79%的家庭因为陪写作业发生过亲子冲突。不少父母认为,陪写作业已经成为幸福感下降的原因之一。此外,孩子年级越高,父母陪写作业的时间越长,其中有7%的高中生,父母每天陪写作业超过4个小时。

7. 帮助孩子养成良好的学习习惯

　　著名教育家叶圣陶先生说过:"教育是什么,往简单方面说,只需一句话,就是养成良好的学习习惯。"良好的学习习惯对于孩子的学习成长有着重要作用,可以使孩子在学习上事半功倍。

　　9岁的孟佳上课总是不看课本,只听老师讲课,但她的考试成绩比认真做课堂笔记的同学要好得多。老师和同学们都觉得非常奇怪。有一次,老师到孟佳家里去家访,终于发现了其中的秘密。原来,从孟佳上小学起,她的父母就一直向她强调预习的重要性,并指导她正确预习,到现在孟佳已经养成了课前预习的好习惯。

　　因为每次课前都预习,上课时,孟佳不像其他同学那样一边看课本一边听老师讲课,还得把老师讲课的内容都记下来,而是抬着头认真听老师讲课,同时,她的脑海中浮现出自己已经预习的内容。这样一堂课听下来,老师讲的内容她都基本掌握了,回家再看一下课本就完全会了,所以她每次考试的成绩都很好。

　　现实中,凡是学习成绩好而且稳定的孩子,一般都具有良好的学习习惯;而成绩忽好忽坏的孩子,往往缺乏良好的学习习惯。

　　学习习惯,就是表现在学习方面的重复性,经常为无意识的日常学习行为规律。比如学习语文时,喜欢放一本字典或词典在旁边,以备查用，这就是一种良好的学习习惯。习惯的力量是巨大的，习惯养成性格，性格决定命运。那么，父母应该如何培养孩子的学习习惯呢？

第一是提前预习。每学习一节新课前，先预习一下要学习的内容。预习的目的是掌握基础性的知识，熟悉教材，以便听课时具有目的性和针对性。对于一时看不明白的问题，可以做个记号，留到课堂上认真听老师讲解。预习时不需要弄懂所有问题，那样做不仅浪费时间，也达不到多好的效果。父母可以教给孩子一些预习的方法，如查阅工具书、对不懂的内容做标记等。预习不仅可以培养孩子的自学能力，还可以大大提升第二天的听课效率，从而让孩子带着问题专注地听课。

第二是及时复习。父母要让孩子养成及时复习的习惯，当天的功课当天复习完，这样才能提高学习的质量和效率。在孩子做每一科的作业前，先别急着让他写。最好在每天回家后，让孩子讲一讲当天都学了什么知识。或者建议孩子在写某一科作业前，将当天学到的知识过一过，归纳知识要点，找出知识之间的联系。对于不会的难题或知识点，可以和父母一起研究，以便当天就消化掉所学的知识。

第三是完成作业。作业是巩固所学知识、形成技能技巧的重要手段，必须加以重视。最好是先复习再写作业，集中精力，独立完成，当天的作业当天完成，不得拖拉。作业的书写要认真工整，一个数字、一道算式、一个汉字拼音字母，每个字的一笔一画都要工工整整，讲究规范，切忌潦草，信手涂鸦。这不仅影响孩子的学习成绩，也会影响孩子将来的工作态度。

第四是主动提问。提出问题是学习的起点。父母要鼓励孩子在学习的过程中持续不断地提出问题，从而使学习由被动接受知识变为主动探求知识。这对增强求知欲，集中注意力，提高学习兴趣，培养观察、思维、记忆等能力都是有好处的。

另外，养成定时定量的学习习惯也很重要。比如背诵英语单词，每天5个，雷打不动，即使走亲戚、会朋友、节假日也从不间断。开始时父母要鼓励也要强制，一般一个月就能使孩子养成习惯。对于有些孩子，父母还要经常督促，以防出现习惯中断的现象。

8. 让孩子学会独立思考

著名哲学家、教育家苏格拉底非常反对将知识直接传授给学生，学生被动学习，而更倾向于通过启发、引导，让学生自发自觉地思考、学习，变被动接受为主动吸收。下面这位妈妈便经历了由直接给答案到引导孩子思考的思想转变过程：

小成正在写数学作业，最后一道数学题他不会做，于是就喊妈妈过来帮忙。妈妈拿起题看了一下，告诉小成应该如何答题。小成按照妈妈说的写完了作业，然后高兴地和小伙伴一起去玩了。类似的事情几乎每天都会发生，一遇到不会的问题，小成就找妈妈帮忙。后来，妈妈发现给小成讲过的题目，到第二天遇到类似的题，他仍然会问如何解答。妈妈意识到直接告诉小成答案有些不妥，应该让孩子独立思考，然后引导他如何解答，这样才能记住。

孩子缺乏独立思考能力，主要表现为：遇到学习问题，直接请教他人，或者放在一边不理；遇到麻烦的事情，不经深思熟虑就冲动地解决；迷信权威，对于比自己强大的人的建议或者说法深信不疑，或者盲从他们的言行。这样的孩子长大后，没有创新精神，只会人云亦云，不会有什么大的作为。

"数字化教父"尼葛洛庞帝说："我不做具体研究工作，只是在思考。"从中我们不难得出这样一个道理：独立思考是一个人成功的最重要、最基本的品质。所以,父母要帮助孩子养成独立思考的习惯,这是成大事者必备的条件。

著名教育家陈鹤琴先生说过:"凡是孩子自己能够想的,应当让他自己想。"遵循这样的原则去教育孩子,才能培养其独立思考的能力。有的父母很注意拓宽孩子的知识面,也会耐心地回答孩子提出的问题,但往往忽略了培养孩子独立思考问题的能力。比如,有些父母给孩子讲故事,一页页、一本本地讲,孩子只是静静地听。其实,给孩子讲故事,父母也可以适当提出问题让他回答。如果孩子对事物的思考超出了父母的能力范围,父母最好翻翻书上上网,寻找答案。对于一时解释不清的问题,不要羞于告诉孩子自己不知道,可以就这个问题和孩子一起去问别人或查阅书籍。当孩子打破砂锅问到底时,如果父母真的很忙,暂时无法回答,可以告诉孩子:"我现在很忙,一会儿再告诉你。"千万不要不耐烦地打断孩子,挫伤孩子的积极性。

除了解答孩子的提问外,父母还要经常向孩子提问,使孩子的大脑处于活跃状态,锻炼孩子的思维能力。在孩子思考的过程中,父母要善于提出开放性的问题,比如水的不同用途、大海为什么是蓝色的、鸟儿为什么会飞等,还可以用如何解决突发事件,如陌生人想把他领走应该怎么办等类似问题来引导孩子思考。当孩子想问题时,应该留给他足够的思考时间,不要轻易把答案告诉他。如果孩子答错了,可以用提示性的问题帮助他思考,启发他自己去发现和纠正错误。

当孩子发表意见时,哪怕是错误的,父母也要鼓励孩子把话说完,然后给予分析和适当的指导。对于孩子的正确意见,应该积极肯定和表扬,以增强孩子主动表达的信心。孩子发表自己的意见,调动自己的思维能力,用合适的方法将自己的想法告诉别人,这是孩子独立思考能力的重要体现,因为孩子会对自己的问题和表达方法进行缜密的思考。

9. 从孩子的实际出发，因材施教

"孔子教人，各因其材。"这是宋代理学家朱熹总结的孔子教育学生的方法。可见，古人很早就知道按照教育对象的不同特点，采取不同的教育方法，以获得理想的效果。但现在有些父母对因材施教缺乏深刻的理解，他们想让孩子出人头地，希望孩子在今后的激烈竞争中取胜，却没有注重孩子的自然天性，不了解孩子的个性特点，不能根据孩子自身的实际情况进行教育。在这方面，著名京剧大师梅兰芳的做法值得父母们参考借鉴。

梅兰芳幼年丧父，母亲也在他年少时去世，这使他的童年过得十分凄苦。后来，他跟随老师学京剧，冬练三九、夏练三伏，不像很多孩子那样可以享受父母的呵护和关爱，几乎是在苦水里泡大的。经过多年的刻苦努力，他终于成了享誉国际的艺术大师，也组建了自己的家庭，有了自己的孩子。生活变好了，但他知道，疼爱孩子并不仅仅体现在物质上的满足和给予，更应该在心理和人格上塑造孩子，只有这样，孩子才会健康成长。

当时戏剧界流行子承父业，孩子一般从小就学习唱戏，长大后当京剧演员。但是梅兰芳没有这样做，他认为父母不能为孩子选定将来的工作，而应充分尊重他们的天性和性格。他还特别反对当时很多戏剧演员不重视孩子上学读书的陋习，认为首先应该让孩子学习文化知识，因此，他全力支持孩子到最好、最喜欢的学校去上学。他还很注重观察和了解每个孩子独特的爱好和兴趣，结合孩子们的性格，帮助他们确立日后的发展方向。

他的长子梅葆琛生性稳重、喜欢思考，梅兰芳便为他在理工科方面发展提供条件，后来梅葆琛果然考上了名牌大学的建筑系，成了有名的建筑师。

次子梅绍武聪明伶俐、思维活跃，梅兰芳便在抗战时送他到美国读文学系。后来，梅绍武成了著名的翻译家，译有纳博科夫小说等重要的西方文学作品。

女儿梅葆玥性格沉稳娴静、温婉端庄，梅兰芳鼓励她大学毕业后当一名大学老师。后来，她又在梅兰芳的支持下成了有名的京剧演员。

梅兰芳最钟爱的小儿子梅葆玖自幼心灵手巧，极具艺术家的潜质，加上嗓音和形象俱佳，可以说是梅兰芳创立的"梅派"艺术的最佳传人。但梅兰芳并不急于让他少年习艺，直到梅葆玖大学毕业才让他正式随剧团学艺。后来，梅葆玖成了极具修养和独特魅力的表演艺术家。

梅兰芳先生善于育子成才，经常有人向他请教培养孩子的经验，对此，他总是莞尔一笑，淡淡地说："尊重孩子就像尊重观众一样！"

孩子的兴趣是一种非常宝贵的资源。保护孩子的兴趣是为了更好地合理开发、利用它，任何形式的不尊重、限制或否定态度都不利于保护孩子的兴趣，而过度挖掘孩子的兴趣则是竭泽而渔，也是一种很不负责任的行为。

那么，父母应该怎样正确对待孩子的兴趣爱好呢？

首先父母要明白，孩子真正喜欢才是最重要的，有兴趣才会持久，千万别把自己的梦想加在孩子身上。有的家长自己喜欢音乐或画画，但因为小时候没有条件实现，有了孩子后，便把自己的梦想强加到孩子身上，让孩子帮忙实现。有的家长甚至明明白白地告诉孩子：你要努力学，这个是妈妈的梦想，只能你来帮我实现了。父母这样做，会让孩子觉得一切都是为了父母而学，没有了兴趣自然也不会学得深入。

当孩子确定了自己的兴趣爱好后，父母还要帮助孩子坚持下去，因为孩子大多定力不足，喜欢的事情可能无法持久。当然，坚持不代表强迫。比如，孩子喜欢唱歌，父母除了适当给孩子安排一些专业的辅导课程之外，还可以带孩子去参加一些音乐会、演唱会，也可以给孩子讲一些知名的演唱家、演奏家从小刻苦训练的故事，让孩子知道没有无缘无故的成功，他所崇拜的偶像，其光鲜的背后付出的都是辛勤的汗水。

如果孩子真的不愿意，可以允许孩子放弃。有的孩子可能一时心血来潮觉得自己对某样事物有着浓厚的兴趣，但真正接触下来，才发现和自己的想象完全不一样，这时如果父母已经投入了大量的财力、物力，就容易让事情变得复杂起来。所以，父母要事先跟孩子说明白，放弃以后就没有机会再继续学习了，这在将来可能会是一个遗憾，然后再让孩子决定是要继续还是放弃，如果孩子确定要放弃，父母也就不必再费心阻拦。

阅读小贴士：

孩子各种兴趣爱好培养的最佳时间：
数学——4岁开始最佳

英语——越早接触越有优势

艺术舞蹈——4~5岁可以初步开始学习舞蹈

绘画——3岁前不需要报班

钢琴——女孩4~5岁，男孩5~6岁

游泳——5岁以上学得最快

轮滑——最佳年龄5岁以上

跆拳道——女孩6~7岁，男孩5~9岁

书法——硬笔6岁，软笔7岁

围棋、象棋——5~6岁

10. 让孩子学会持之以恒

学习是一个漫长的过程，不可能一蹴而就，其间要经历许多挫折，遭遇很多困难。调查显示，很多学龄孩子在学习上都有半途而废的不良习性。课堂听讲，前 20 分钟比较认真，后 20 分钟就坚持不下去了；做作业一遇到疑难问题就打退堂鼓；作文前几段文字书写工整，到后面就渐渐变得凌乱潦草；原本打算坚持每天早读一个小时英语单词，刚开始有新鲜感还能坚持，过一段时间就放弃了。

半途而废对孩子造成的影响极为恶劣，而且不利于孩子养成健康、规范、严谨的学习习惯。父母对此不能掉以轻心、视而不见或迁就放任，而应给予足够的重视。

每天晚上 9 点，小婷按照自己的学习计划背诵课文。从小学开始到现在，她一直保持着这个习惯，而且效果不错。起初她和很多孩子一样早起背书，但是因为没睡够，她往往是睡眼蒙眬地边打哈欠边跟睡意做斗争，根本没有心思背书。后来，她提出晚上背书，妈妈答应了。刚开始她设定的时间是一个小时，但妈妈却提出反对意见，建议她适当缩短学习时间。因为成年人集中注意力的时间也只有 40 分钟，让一个孩子坚持 60 分钟，即使勉强坚持一段时间，也会很快产生厌倦情绪。因此，妈妈提出每天晚上只要读 15 分钟就行，但必须每天坚持，除非出现特殊情况。实际上，15分钟通常不够小婷背书，因此每天晚上她背书都超过了15分钟，而且因为超过了设定的目标，她感到很有成就感。

现在很多父母忽略了培养孩子坚持不懈的品质，而过于重视目标，从一开始就给孩子提过高的要求，而这些要求往往超出了孩子的承受能力。比如让孩子每天练3篇小字，孩子练了3天就放弃了，这样还不如每天让孩子练半篇，让孩子能坚持下去，直到练出一手工整漂亮的钢笔字。另外，父母可以选取一些对孩子具有长远意义的事情进行锻炼，比如跑步、阅读等，事情从易到难，时间由短到长，逐步培养孩子坚持不懈的良好品质，训练孩子的自律能力。

孩子一般都有惰性，在学习过程中难免会偷懒，或者因为在学习中遇到解决不了的问题而沮丧颓废，最终放弃。因此，父母应对孩子的学习过程进行监督、鼓励，并适时给予指导，帮助他克服惰性、增强信心，保证学习的连续性。

在孩子学习之前，父母可以通过制定学习计划帮助孩子明确学习的内容是什么、想要达到什么目标、打算安排多少时间、怎样完成学习任务等。

当孩子遇到难题准备放弃时，父母要给他打气，鼓励他想办法坚持下去，遇到任何困难都不能轻言放弃，要耐着性子坚持到底。当孩子有了较强的意志力，有了不甘落后的决心，学习就有了强大的动力，学习起来就会坚持不懈，一气呵成。

第七章 立规矩，让孩子成为社交小达人
——让孩子学会与人和谐相处的艺术

生活中，人人都需要朋友，孩子也不例外。一个没有朋友的孩子，再优秀也是孤独的。要想让孩子将来成为一个受大家欢迎的人，父母要从小教给孩子一些基本的社交技巧，让孩子学会礼仪礼貌、友善待人以及懂得感受他人的情感。

1. 从小树立合作意识

孩子还小的时候，父母总是教育孩子要好好学习，做一个有本领的人，而很少告诉孩子要学会与别人相处、合作。每个人在世界上都不是孤立存在的，都要和周围的人产生各种各样的联系。世界上有很多事情只有通过人与人之间的合作才能完成。学会了与别人合作，也就取得了打开成功大门的钥匙。

外国一位著名的教育家说过："当别人遇到困难时，我不会坐视不管，我会尽力帮助他，这样做不但不会让我损失什么，反而会给我带来荣誉，让我的事业更加顺利。"这便是一种双赢思维。当我们帮助别人的时候，也会在无形中体现自己的价值，使自己赢得竞争优势。

在一个团队中，如果每个人都将自己的优势与大家分享，把各自的长处叠加在一起，那么这个团队的力量就会无比强大。

下面是发生在一个中国留学生身上的真实故事：

王珂暑期到一家大型外资企业实习，企业要求每四人为一组，编写一套程序。任务完成得好的小组，不仅可以获得优先工作的权利，还能得到一笔奖金。王珂所在的小组中，另外三个实习生对系统开发没有什么概念，为了完成编写任务，他们根据自己的特长做了明确的分工。王珂是学计算机的，主要负责程序的编写；林琦是学统计学的，负责行业资料的搜集和整理；张渊是学管理学的，负责深入车间，向一线工人了解生产流程；李祺是学酒店管理的，负责生活、后勤保障与整体协调。做好分工后，他们都在各自的岗位上尽心尽责。为了让程序更优化、更实用，王珂每天只睡三四个小时，反复推演，不放过每一个细节；为了搜集更全面的资料，林琦在网上查阅了同行业的所有资料，并跑遍了全市的图书馆；为了快速摸清企业的生产流程，张渊一次又一次地深入了解从原材料采购到产品生产、储存、物流、销售、推广、售后等环节；李祺除了保障合理膳食、舒适就寝环境外，把整个团队协调得非常有凝聚力。他们夜以继日，连续奋战，经过不懈的努力，最后他们编写的程序不仅得到了企业的高度认可，还得到了企业特别颁发的贡献奖。

对未来的社会而言，一个人的团队合作能力就是他的核心竞争力，培养一个合作型的孩子是对每个家长的考验，也是每个家长的期待。

培养孩子的合作意识，可以参考以下几点：

一是在日常生活中培养孩子的合作意识。为了提高孩子的合作意识与能力，父母可以利用日常生活中的各种机会，有意识地让孩子与同伴互相帮助，比如你帮我擦擦汗，我帮你提提包；你看我的书，我玩你的玩具等。

二是在游戏活动中提升孩子的合作能力。一方面，父母要为孩子提供与同伴合作学习和游戏的机会，让孩子在实践中学会合作，比如，两人玩接球，一起拼图，合作画一幅画，共同完成一个手工作品等。随着孩子合作能力的提高，可以逐渐增加难度，比如多人游戏"老鹰抓小鸡"、结构游戏"盖大楼"、角色扮演游戏"开超市"等。

另一方面，父母还要在家多跟孩子玩一些合作游戏或者共同配合完成一项任务等。有的父母遇到孩子玩完玩具不愿自己收拾时，就会相当纠结，到底是大人帮忙收拾好，还是静候孩子自己去整理？如果大人代劳，父母担心孩子养成不好的习惯；而等待孩子自己去整理，又会遥遥无期。其实，很多时候，父母完全可以把收拾玩具变成一项大人和孩子互相配合、共同完成的任务。

三是通过校园生活让孩子明白合作的必要性。鼓励孩子多参加一些学校内外的团体性活动，如运动会上的接力赛跑、拔河比赛、篮球、排球等运动，可以让孩子在活动中自然而然地明白合作的必要性，学会与别人配合。同时鼓励孩子在学习上与同学互帮互助：帮助他人讲解、补习自己的优势科目，也在他人的帮助下学到更多更好的学习方法，弥补自己的不足。

四是通过参加多人活动让孩子学会合作规则和方法。很多活动都是集体参加，要求多人协作的，比如篮球、足球等运动。这些运动要求孩子更多地与他人配合，赢得集体的胜利。在这样的活动中，孩子可以学会合作的规则和方法，而且也比长篇大论的道理更容易被孩子接受。比如，有位妈妈说："在孩子小的时候，我并没有给他讲过多的、听不懂的大道理，只是鼓励他多与小伙伴玩耍，他关于合作和团体的观念，都是在踢足球等运动中养成的。"

五是在成功体验中强化孩子的合作精神。如果父母单纯告诉孩子合作的好处，他也许体会不到，所以要创造机会让他体验一下合作的快乐。在家里，可以通过全家一起做一件事情，比如大扫除或者采购生活用品，让孩子看到合作的好处；在外面，可以给孩子及其伙伴布置一项小任务，比如让他们在限定的时间内打扫楼道，当他们一起完成这项小任务后，可以给他们拍照留念，或者奖励他们一些小零食。

2. 社交礼仪：做人要有礼貌

　　生活中，我们经常说某个孩子不懂事，言外之意是说孩子不懂礼貌。孩子不懂事并非完全错在孩子，很可能是父母没有做好表率，没有教育好孩子，因为孩子的礼貌是在父母潜移默化的影响下培养出来的，父母怎样对待身边的人、日常生活中怎样为人处世，都是孩子学习的范本。所以，如果父母希望孩子成为一个受人欢迎的人，就要对孩子做好礼貌教育。

　　和和的父母都是很懂礼貌的人，特别是和和的妈妈，即使对丈夫说话，也从来不用命令的口吻。如果请丈夫帮拿东西，她会说："麻烦你帮我拿一下，谢谢！"有时为了强调语气，她会半开玩笑地说："请您帮我一下！可以吗？"丈夫也会半开玩笑地回应道："可以，您不用这么客气。"

　　在这种氛围的感染下，和和刚学会说话就很懂礼貌，经常说"麻烦""谢谢"等礼貌用语。

　　一天，父母带和和去爷爷奶奶家，和和看见积木被放在自己拿不到的地方，就对爷爷说："爷爷，爷爷，麻烦帮我把积木拿下来！"起初爷爷还没听懂，看见和和指着玩具，就给她拿下来了。和和紧接着说道："谢谢爷爷！"爷爷高兴地夸和和是个懂礼貌的好孩子。

要想孩子养成礼貌的习惯，除了父母的提醒和培养，最自然和有效的方法就是在家庭中形成礼貌的气氛。不要认为大家是一家人，很多礼貌用语是见外和多余的，这种想法对孩子礼貌的养成毫无益处。

生活中大多数的人际矛盾，不是源于利益冲突，而仅仅是因为彼此间的失礼。很多父母将礼貌看成小节，不够重视，殊不知，小小的失误也可能铸成大错。家庭和工作单位中的争吵，很多也是因为一些不经意的失礼行为。因为性格不合而离异的夫妻，远远多于因财产纠纷或感情破裂而离异的夫妻，而所谓的性格不合其实就是彼此失礼。

如果孩子能够从小养成讲礼貌的习惯，长大后，他的人际关系就会融洽许多，避免很多不必要的麻烦。

所以，在日常生活中，父母要让孩子掌握一些与人交往的必要知识，帮助孩子养成文明处事、礼貌待人的良好习惯。比如，对同学要团结友爱，互助谦让，不打架、骂人，不欺侮弱小，不说粗话脏话；对父母师长要尊敬，主动称呼，帮助长辈做一些力所能及的事情，不使性子，不耍脾气；家里来了客人要主动问好，不冷漠，不借故喧闹；当别人工作或休息时，要保持安静，轻步进出，不喧哗、不吵闹；借别人的东西要事先得到允许，用后及时归还，不随意损坏，不乱扔乱丢；当别人有困难时，要主动关心，热情帮助，不能视而不见、漠不关心等。

父母还应该有意识地在不同场合，根据不同对象教给孩子具体的说法。比如称对方为"您"；想要别人帮助时用"请"，接受帮助后说"谢谢"；别人表示谢意时说"不客气"；无意中碰撞了别人要主动道歉，说"对不起""请原谅"，被撞时说"不要紧"；早上与人见面时说"您早"，平时见面说"您好"，告别时说"再见"；对长者不能直呼姓名,而要称呼"爷爷""奶奶""叔叔""阿姨"等。

很多孩子不擅长说谢谢,在外面也要父母催促着才会开口,这主要是因为平时在家父母没有让孩子养成道谢的习惯。这样一来,出门在外的时候,孩子没有把道谢当作一件理所当然的事情,反而觉得说出来会不好意思。这种认识是不正确的,如果孩子耻于接受别人的帮助,或者在接受帮助后耻于道谢,那么他日后必然会变得孤僻而缺少朋友。父母千万不要被"一家人道什么谢"这种思想误导,而应从小培养孩子的感恩意识,让他在家就学会道谢。

为了鼓励和强化孩子的礼貌行为,父母应留意孩子的行为,及时进行表扬,而且要让孩子明白父母为什么表扬他。表扬孩子的时候,要具体说明表扬他的原因。不要只说"好孩子!""真不错!"而要具体一点,比如"你刚才要糖吃的时候说了'请',真是个好孩子!"或者"你刚才排队等阿姨发小礼物,做得真不错!"表扬要具体明确,这样孩子才知道良好的表现会得到大人的肯定和鼓励,应该坚持下去。

阅读小贴士:

生活中,有的孩子怕生,不愿到人多热闹的场合,甚至跟熟人谈话也会感到紧张、脸红、羞怯,有的还伴有口齿不清、口吃、不敢抬头看人等情况,严重时还会出现惶恐不安、出汗、心跳加快等现象。这些现象被称为"社交恐惧"。排除遗传和生理上的因素,造成社交恐惧主要有以下原因:

一是来自强势父母的压力。这类孩子经常受到父母的批评、训斥,甚至体罚;如果父母脾气暴躁,经常情绪不好,孩子便会成为父母语言暴力的直接受害者。在这样的家庭环境中长大,孩子内心充满恐惧，不知道自己该做什么、说什么，什么是对的，什么又是错的。长大后，孩子可能会存在不同程度的社交恐惧倾向，变得内向、孤独，人生观也表现得消极、悲观。

二是环境导致的社交缺失。现在的孩子大部分生活在封闭的高楼大厦里，出于孩子的安全考虑，父母很少带孩子参加活动，孩子与外界接触不多，从而产生社交上的问题。

3. 提高孩子的交际能力

生活中，我们常常可以听到有的父母对孩子说："好好待在家里，别到处瞎跑。"他们把孩子圈在家庭的小天地里，剥夺了孩子与人交往的机会。这样孩子就容易以自我为中心，不能与人和平相处；有的则性格孤僻，不合群。而在当今合作性强、竞争激烈的社会，一个不会交际、不懂合作的人怎么可能适应社会，取得事业的成功呢？

一位哲人曾经说过：有好朋友就有好人生。让孩子学会交际，学会与人合作，是在为孩子的未来铺一条成功之路，至少是一条不寂寞的快乐之路。

小瑜 2 岁时，妈妈通过看书意识到孩子应该多交朋友，所以总是热情地拉着她跟其他小朋友打招呼。但小瑜偏偏不爱说话，急性子的妈妈就替她说；小瑜不想玩游戏，妈妈就替她参加，小瑜则默默地跟在后面。后来，妈妈发现小瑜一个人的时候，竟然不知道该玩什么，而且很在乎别人是否把她当朋友。

上幼儿园之后，小瑜经常说不想去幼儿园，因为没有好朋友。妈妈开始意识到强迫小瑜与别的小朋友交往已经给她带来了深深的焦虑和不安。妈妈决定再也不强迫小瑜了，而是在带她出去时慢慢引导她自己玩。在妈妈改变态度后，小瑜也慢慢有了改变，变得越来越有自信，跟小朋友打招呼也很自然，朋友逐渐多了起来。

这件事让妈妈深深地认识到，每个孩子都有自己独特的个性，需要按照自己的节奏交友，父母只要适当协助就好，而不是去干涉甚至包办孩子的交际。

没有哪个人一出生就会与别人相处，社交经验都需要一点点地积累。父母需要带孩子走出家门，主动与其他人接触。如果家附近有幼儿园或者孩子聚集玩耍的地方，不妨多带孩子加入，让孩子充分感受和同龄人玩耍的乐趣。可能一开始孩子会寸步不离地跟着父母，但慢慢地他就会试着加入孩子们的队伍。不过，如果孩子想走，一定不要勉强他继续待下去，只有当孩子感觉轻松自然时，才有助于缓解他的羞涩。

在日常生活中，凡是需要与人打交道的事情，父母都可以尽量让孩子去做，创造机会让孩子与人打交道。比如，到商店买东西，可以鼓励孩子自己去结账；去市场买菜，可以带着孩子去观察，让孩子问价或者挑菜；孩子想要买零食的时候，让孩子去找店员询问放在哪里；等等。这些都是小事，对孩子来说却是难得的锻炼机会。

一位妈妈总结自己的教育经验说：女儿天生胆小，不敢与人交际。为了锻炼孩子的交际能力，我经常鼓励她与陌生人进行交流，并为她创造一些交际条件。比如，到公园游玩，我会拿出零食递给她："去和对面的小朋友一起分享吧！他们很想认识你呢！"去商店购物，我会鼓励女儿说："帮妈妈问问营业员阿姨，这个商品还有其他牌子的吗？妈妈想给你买一个更好的。"

如果孩子的朋友不多，父母可以帮助他以某种爱好赢得更多的朋友。一般来说，在孩子感兴趣的领域，他往往能找到自己的信心所在。就像一位妈妈对孩子说的："如果你不会游泳，别人就不会邀请你到游泳池去玩。"也就是说，如果孩子有了某方面的特长，就可以结交更多的朋友。

父母还可以鼓励孩子邀请朋友到家里来玩，这样孩子会有更多的时间和朋友在一起，也就有更多的机会去学习处理在玩耍中可能出现的纠纷。父母也可以鼓励孩子带些小礼物去朋友家做客，这样既有礼貌，又能让孩子学会分享。

有时在与人交往的过程中，孩子可能会出现不好的行为，比如不礼貌、过分吝啬或者欺负别的孩子等。这时，父母要帮助孩子认清自己行为的不当之处，并帮他做出改进；还要教会孩子使用日常礼貌用语，这对增强孩子与人交往的信心大有益处。

对于孩子交往过程中出现的冲突和争执，父母不要过多干预，尽量让孩子自己解决，让孩子从中学会协调、同情、忍让等处世技巧。同时，父母要注意培养孩子化解矛盾的责任心和能力，让孩子学会在解决冲突的过程中倾听对方的想法，明白要照顾每一方、每个人的需要，使各方在利益最大化的基础上和平相处。

值得注意的是，父母不要对孩子的交往对象横加干涉，比如对孩子说："你为什么要和××来往，他总是惹是生非，不爱学习……"孩子选择朋友有自己的标准，可能他的朋友确实有毛病，但也有父母不知道的某些可贵品质，而那正是孩子极为珍视和需要的。比如，他们有共同的爱好——足球、集邮，他们在性格上互补——一个内向谨慎，一个外向开朗。另外，孩子的友谊往往比成人要纯洁得多，用成人世界中或多或少的功利甚至势利的经验去评判孩子之间的交往，本身就是对他们美好情谊的亵渎。

4. 乐于跟他人分享

俗话说"滴酒百人尝",一滴酒都要百人一同分享,说明了慷慨大方的重要性。在当代社会,每个人都应该珍爱身边的人,同情身边不幸的人,让生活处处充满温情。为此,父母要及时预防和纠正孩子吝啬、贪婪的行为,让孩子成为一个慷慨大方、对他人有关爱之心的人。

一天,朋友送了两箱杧果给邱燕,其中一箱有些熟过头了,如果不马上吃掉,很快就会腐烂。于是,邱燕叫来孩子们,商量怎么处理这两箱杧果。

儿子说:"我们可以在杧果坏掉之前赶紧吃掉它。"

邱燕说:"可是等熟的那箱吃完,另一箱也要坏了。"

女儿说:"那就先吃好的那箱吧,这样我们就可以尽可能多地吃到好杧果了。"

邱燕说:"那样一来,熟的那箱杧果就要浪费掉了。"

女儿想了想,出了个主意:"不如我们把两箱杧果混合起来,拿一半送给邻居们尝尝怎么样?这样就不会浪费了。"邱燕听了,点头表示同意。接着,她和孩子们一起把杧果分好,挨家挨户地给邻居们送过去。

分享是一种美德,一种风度,更是一种难得的品质。懂得分享的孩子,以后的人生之路会走得更加顺畅。那么,父母如何让孩子学会分享呢?

孩子对世界的认识来源于大人,言谈举止都是大人的翻版。父母就是孩子的榜样,所以父母可以拿一些小零食让孩子和小伙伴分享。除了给孩子们分享之外,父母借东西给自己的朋友时,也可以告诉孩子:"妈妈把书借给隔壁的刘阿姨了。"这样的行为会潜移默化地影响孩子,让孩子逐渐学会分享。

孩子5岁前还无法理解"分享"的概念,但一些基本规则可以从小时候教起,比如:"她先玩,然后轮到你。""玩具你现在不玩了,让别的小朋友玩一会儿吧。""你玩10分钟,再让其他小伙伴玩10分钟。"

有些孩子之所以不愿分享,是因为他觉得分享后自己就没有了,所以,父母要让孩子明白分享不是没有了,与别人分享玩具不等于永远失去玩具,使孩子不惧怕分享。分享是一种互利。自己与别人分享了,别人也会以同样的方式回报自己。这样大家都能收获不一样的开心与快乐。

如果孩子经常拒绝分享,不妨试一下和孩子互换角色。比如,和孩子一起玩耍,孩子想要你手中的玩具时,你就说"不"。当孩子感觉难过的时候,晓之以理,让他明白"只有学会与别人分享玩具,大家才能开心地一起玩"。

一旦孩子有了分享的行为,父母要及时给予肯定。美国心理学家威廉·杰姆斯曾经说过:"人性最深处的需要是渴望别人的赞赏,这是人类有别于动物的地方。"孩子也一样,因此,当孩子有了分享行为,父母应当及时用称赞、鼓励等方式来强化其分享行为。

5. 让孩子懂得尊重他人

生活中，人与人之间关系的疏密亲善，起决定因素的就是彼此之间相互尊重。也就是说，如果你把别人当朋友，别人才会同样把你当朋友；你尊重别人，别人也才会尊重你。离开了彼此尊重这一点，不但人与人之间难以建立起朋友关系，就连事情也会变得难办。

但是在现实生活中，人们在跟人打交道时常常更多地考虑自己，不知不觉中就会只顾着维护自己，却对他人造成伤害。这一点孩子表现得尤为明显。

琳琳是个活泼可爱的小姑娘，很喜欢表现自己、跟人交流，和别的孩子相处时也表现得比较外向、强势。妈妈觉得这并没有什么不好，至少可以让琳琳在群体中有一定的地位和存在感，不至于被别人欺负。

然而，几天前妈妈去学校接她放学，琳琳跟朋友一边说话一边往外走，轮到旁边的一个孩子发表意见时，琳琳突然又有话想说，于是赶紧插嘴嚷嚷起来。旁边的孩子一听有点急了，结结巴巴地说："琳琳，我还没说完呢，我……"这时，琳琳竟然很凶地转过头朝对方吼道："你给我闭嘴，让我先说！"

看到琳琳这种很不尊重别人的态度，妈妈不由惊呆了。她联想到琳琳平时在家也是这样，动不动就冲父母发脾气、大声喊叫，对他人缺乏尊重，而她还一直以为这是琳琳性格外向、急躁导致的，所以没有放在心上，没想到她对朋友也是如此。

孩子之所以不懂得尊重别人，可能要追踪到孩子的父母，以及孩子所受的家庭教育。亲子关系是孩子首先要面对的最重要的社会关系，这种关系是孩子与他人交往时采取的态度的基础。而现在的父母对孩子大都比较宠爱，每次和孩子发生冲突，父母总是自觉放弃自己的尊严，给孩子让路，使孩子轻而易举地赢得人际交往中的第一场胜利，尤其是家里的老人，几乎一切都是孩子说了算。日积月累，孩子就会认为别人听他的是应该的，而他则无须考虑别人的感受和想法。习惯成自然，孩子就很容易把在家里的唯我独尊、目中无人的霸道作风带到人际交往中去，不懂得尊重别人。这种漠视他人尊严的危害是显而易见的，轻则伤害他人的自尊、自信，反过来又会使自己的尊严受到伤害；重则使孩子无法在社会上立足，终身劳碌，一事无成。

19世纪英国教育家斯宾塞说过："野蛮产生野蛮，仁爱产生仁爱。"父母本身的态度，对孩子有着重要影响。当父母身体力行地尊重别人，替别人设想时，孩子看在眼里，自然会学习模仿。父母可以让孩子看到各种表达尊重的方式。从语言上表现出自己的感激之情就是其中一种，比如当着女儿的面，称赞她的舞蹈老师演出组织得很好，还可以联合其他家长一起为生病的老师制作问候卡，并让孩子们都签上名字。这种做法传达的意思是：孩子们心目中的权威人物都是为了他们而努力工作的，值得大家尊重。

教孩子学会尊重，还有一点很重要，那就是一定要尊重普通的劳动者。孩子在生活中经常出现的倒剩饭、乱洒水、乱扔果皮纸屑的行为，都是不好的表现。父母可以让孩子适当参与劳动，当孩子体会到劳动的辛苦时，才懂得尊重他人的劳动成果。

尊重还表现在言行举止上。孩子说话一般没有什么心眼，往往口无遮拦，想到什么就说什么。直率虽然是好事，但有些话也不能想说就说，父母应该教会孩子：别人的短处，不要轻易揭露出来；别人的伤心事，也不要随便讲出来；别人犯了错，不要严厉地进行指责，说话要给对方留有余地。行为也是一样。有的孩子在言语表达不清的时候可能会加上一些动作，但是他的动作也许会有些过火而引起别人的不快。尤其是孩子生气或发怒的时候，可能会对别人拳打脚踢，造成身体上的伤害。所以，父母要教育孩子控制自己的话语和行为。比如，有人不能容许别人在谈话中涉及自己的家人，对此，孩子要学着去尊重对方，言行举止不要突破对方的底线，不能图一时口快。

有的孩子唯我独尊惯了，面对别人的拒绝，他会觉得自己被违逆了，被无视了。为了表达内心的不满，他可能会用粗暴的态度去对待别人。也许他并没有什么恶意，只是希望自己能得到别人的认可，但是他的方式错了。这时，父母要引导孩子认识到人与人之间是平等的，如果他不愿意受到别人的制约，那么别人同样也不喜欢这种状态。同时提醒他，对方说"不"并没有其他意思，可能只是单纯不喜欢那个要求或那种行为，所以没必要为此感到难过。

经常会出现这样的情况，孩子在做了冒犯别人的事情后，并不知道自己做错了，这时父母应该提醒并批评孩子，让孩子知道这样做是不对的。孩子意识到这一点后，才会改正自己的行为。切忌态度模棱两可，否则孩子没有明确的是非观，很可能会一直错下去。

6. 纠正孩子的嫉妒心

嫉妒这种情感，是在别人比自己优越时所产生的一种排斥情绪。它是一种心理活动，是一种很自然的反应。不要以为只有成年人才会有嫉妒心理，儿童其实也有嫉妒心理。尤其是在孩子开始集体生活以后，父母和老师对其他孩子的称赞和表扬，会引起孩子的嫉妒心理，如果不加以疏导，就会引发孩子之间的矛盾。

一般认为，孩子产生嫉妒心理的主要原因有以下几种：

（1）环境影响。如果在家里，成人之间互相猜疑，互相看不起，或当着孩子的面议论、贬低别人，会在无形中影响孩子的心理。

（2）不恰当的教育方式。有的父母经常对孩子说他在什么方面不如某个孩子，使孩子以为父母喜欢别的孩子而不爱自己，由不服气而产生嫉妒。

（3）孩子能力较强，但在某些方面不如别的孩子。一般来说，各方面都比较"弱"的孩子会比较"安分"，因为他们已经习惯于做"弱者"——对得不到表扬和没有表现的机会都无所谓；但能力较强的孩子，会因为能力较强（他也认为自己很有能力）却没有受到重视和关注（如被老师表扬或提问等），而对其他有能力的孩子产生嫉妒心理。另外，每个孩子都有自己的优缺点，如果因为在某些方面能力较差，做得不如别人好，也可能由羡慕而产生嫉妒。尤其是一些在家经常受到夸奖、父母比较溺爱的孩子，更容易出现这样的问题。

孩子在嫉妒别人的时候，通常不会友善、热情地对待别人，双方的关系必然冷淡。因此，孩子嫉妒的对象越多，朋友就越少，这给其正常的社会交往带来很大障碍，最终可能毁掉孩子的正常生活，甚至使孩子走向极端。

有位妈妈抱怨说儿子的嫉妒心非常强，不喜欢妹妹。在家只要她给女儿喂饭，儿子就会乘机捣乱，吸引她的注意力。如果有孩子来家里玩，她夸奖了其他孩子，儿子就会故意去攻击被夸奖的孩子。对于这种情况，这位妈妈十分苦恼。

对于孩子的嫉妒心理，父母若引导得当，将对孩子的成长很有好处，反之则可能使孩子的嫉妒心理升级为仇恨心理。因此，父母一定要加以重视，时刻观察孩子的心理变化，及时进行引导。

父母首先要找出孩子产生嫉妒心理的根源。为什么孩子突然会嫉妒其他人，是什么原因导致的？父母需要分析当时的场景，找到孩子嫉妒的原因，然后针对性地进行疏导。比如孩子担心父母会被其他孩子抢走，可以告诉孩子："不管什么时候，你都是爸爸妈妈最心爱的宝贝，没有任何人可以从你身边抢走我们。"

发现孩子产生嫉妒的时候，千万不要严加批评、指责，更不要冷嘲热讽。在表示理解的同时，不要过多强调孩子的感受，更不要指责孩子嫉妒的对象，否则会进一步刺激孩子的嫉妒情绪，并且导致孩子养成动辄归咎于他人的坏习惯。

一般来说，缺乏自信心的孩子总喜欢强调自己的弱点，而且那种低人一等的感觉更容易刺激他的嫉妒心理。对此，父母必须帮助孩子建立自信，让他知道自己也有优点，也有骄傲的资本。比如，孩子在画画方面有天赋，父母应该多加鼓励；每当孩子解决了一个问题或者取得了一点进步,哪怕只是一道算术题,也应该让他知道父母注意到了,并且为他感到骄傲。研究表明,当孩子对自己有了足够的自信时,更容易接受别人在某些领域比自己强。

另外,父母要避免将孩子与别人做对比,尤其是当孩子在某一方面做得不好的时候,孩子更容易对那些有能力做好的孩子产生嫉妒心理。父母比较孩子的本意是激励孩子,树立榜样,但孩子感受到的更多是对他的否定。

嫉妒其实是一把双刃剑,利用得当,完全可以变成激励孩子的动力。因为有嫉妒心的孩子,通常自尊心很强,喜欢争强好胜。父母要引导孩子树立正确的竞争意识,虚心学习别人的长处,取长补短,把孩子的好胜心引向积极的方向。

阅读小贴士:

儿童的嫉妒有着独特的心理特征,主要表现为以下几点:

1. 明显的外露性。成人往往会考虑各种因素而尽量掩饰自己的嫉妒心理,而孩子一般会通过具体的言行直接表明自己的嫉妒情绪,不会考虑自己的嫉妒是否会引起别人对自己的不良评价等。

2. 直接的对抗性。孩子对于事物的认识是很直观的,因此,他们往往会直接将嫉妒引起的不愉快情绪归咎于自己嫉妒的人,进而做出直接的对抗行为,比如直接打骂自己嫉妒的人、毁坏让自己嫉妒的具体物品等,以发泄心中的不满。

3. 鲜明的主观性。孩子认识事物一般是从自己的角度出发,他们往往会以是否符合自己的意愿为标准,简单地对事物进行分类。因此,当其他孩子比自己强或拥有自己没有的东西时,他们内心就会产生不快,也就是嫉妒心理,它具有强烈、鲜明的主观色彩。

7. 引导孩子学会关爱别人

关心他人、同情他人，是人与人之间的一种交往技巧，也是家庭教育的一项重要内容。一个懂得关爱他人的孩子，长大后会拥有健康、和谐的人际关系。因为人与人之间互相关心、互相帮助的基本条件是"人人平等""有一颗热忱的心"，孩子也因此对遵守公德有积极的态度、饱满的热情，从而形成和谐的交际圈，使自身的潜能得到释放和发展。

生活中，有的父母发现孩子有时表现得对人很冷漠，比如不知道给老人让座，看见盲人摔倒还哈哈大笑，于是很着急地质问孩子，但孩子却振振有词地说"看到他摔倒，我不笑难道哭吗"之类，根本听不进父母讲的道理。

小伟是独生子，在家从来都是衣来伸手，饭来张口。妈妈经常说："你的任务就是好好学习，家里的事不用你做。"平时爸爸妈妈都要上班，午饭一般是奶奶做。一天中午，小伟回家后，发现奶奶躺在床上，午饭也没有做。奶奶说自己不太舒服，让小伟自己到外面买点吃的。于是，小伟只买了自己吃的，吃完就上学去了。对于奶奶有没有吃饭，需不需要去医院看看，他连问都没问，也根本没有这个意识。亲朋好友来家里，小伟也很少打招呼，总是待在屋里学习。对于亲戚家里的事情，甚至自己家里的事情，他都一无所知，也不想管这些闲事。

在学校，班里的哪个同学生病了，或者因为有事没来上学，小伟一概不关心。有一次，与他同桌的女生发烧，老师想找两个男生送她去医院，很多男生都主动伸出援助之手，但小伟好像没有听见一样，只顾着埋头写作业。因为小伟学习成绩很好，老师打算让他当学习委员，帮帮别的同学，但他果断拒绝了，对老师说："我妈妈对我的学习抓得很紧，要求也高，我担心当班干部会浪费学习时间，我觉得我管好自己就可以了，我考出好成绩也是对班级的一种贡献。"

父母在给孩子无私的爱的同时，一定要考虑这样的问题：孩子是否意识到自己的欢乐和幸福是父母、老师、学校、社会用心血为他们创造的，是否意识到自己也应该为别人做点什么。否则，孩子会以为享受这一切是天经地义的，最终变成一个自私自利，只会关心自己的孩子。

孩子形成冷漠的性格不是一两天的事情，培养孩子的关爱之心也不是一朝一夕的事情，需要父母在生活中一点一滴地启发孩子，而不是只靠讲大道理。比如孩子嘲笑盲人，可以和他玩一个游戏，让他在家蒙上双眼从一个房间走到另一个房间，看他能不能顺利完成任务，通过换位思考让他知道应该设身处地为别人着想。

在日常生活中，父母要注意自己的言行，孝敬老人、关心朋友和同事，为孩子做好榜样。比如，随时关注家里老人的健康情况，满足老人在生活、心理上的各种需求；经常给朋友打电话，关心一下朋友的近况；朋友或同事家中有事时，主动伸出援手等。同时，父母应尽量抽出时间陪伴孩子，或者通过电话、信件、小礼物等方式，及时与孩子沟通联络感情；与孩子共同度过重要的日子，如孩子的生日等。孩子得到了充分的关爱，才愿意分享自己的爱，学会关心、帮助别人。

也有的时候，孩子可能知道做人的美德是什么，但是让他去做好事，他却不太明白什么才是好事。对此，父母首先要教会孩子哪些是美德，什么是做好事，什么是正确的言行，并引导孩子在日常生活中体验和实践。比如，可以让孩子从打招呼做起，学会问候别人，并及时表扬孩子。

父母一有机会就要告诉孩子什么样的行为是对的，不断地引导、称赞和鼓励孩子做好事，并给孩子创造一些锻炼的机会。比如孩子的朋友生病了，父母可以提醒孩子打电话问候，必要的话还可以陪孩子一起去看望。又如在公共汽车、地铁上给老人让座，看到乞丐给予适当的捐助，告诉孩子，这个社会需要爱，爱可以让社会变得更加美好。父母还可以引导孩子参加一些公益活动，以及学校组织的各种捐款和献爱心活动。

关爱他人是需要锻炼的，慢慢地养成一种习惯，之后孩子就会自然而然地关爱他人，所以，关键是要让孩子身体力行，关心他人，帮助他人。

阅读小贴士：

心理学家皮列文和苏珊·安德森经过大量研究证实，如果一个孩子经常做好事，将拥有积极的社会价值观，未来较少出现犯罪、早孕、辍学等状况。也就是说，一个经常做好事的孩子变坏的可能性极低，他们趋向于以更积极的心态对待生活。

美国俄勒冈州立大学的心理学家也表示，当看到善举减轻了别人的痛苦，人的心情会平静下来，副交感神经被激活，幸福感被提升。所以，每一个愿意帮助他人的孩子都是幸福的孩子。

即使孩子帮助别人后发现被骗，也会因此得到成长。只有经历了世界真实的一面，孩子才会变得成熟、淡定。父母既要让孩子看到世界的温暖，也要让孩子看到世界的冷酷和虚假，因为这才是真正的生活，永远不会像温室和家里那样充满美好。当然，父母在鼓励孩子向世界展露善良时，别忘了叮嘱孩子保护好自己。

8. 引导孩子换位思考

生活中,有的孩子因为家人的宠爱,变得有些娇惯和霸道,这时很有必要教他学会换位思考。换位思考的实质,就是设身处地为别人着想。如果能做到这一点,将减少很多不必要的矛盾。一般来说,只要不涉及原则性问题,都是可以谅解的。当孩子跟别人发生矛盾后,父母要引导孩子以对方的情况为出发点,去体会对方的感受,理解对方的行为。

浩浩是个调皮捣蛋、爱搞破坏的孩子,附近的孩子都不愿意和他玩,这让他感到很不开心。越是没人跟他玩,他就越想搞破坏,而他越是搞破坏,越是没人跟他玩,形成了恶性循环。父母看在眼里,急在心里。

一天,妈妈对他说:"浩浩,你想跟别的小朋友一起玩吗?"

"想,可是他们不跟我玩。"

"那你知不知道小朋友为什么不愿意和你玩呢?"

"知道,我总是弄坏他们的东西,还掐他们的脸。可是,谁叫他们不跟我玩的!"

"哦,原来你是想和小朋友一起玩呀,可小朋友怎么知道你是这么想的呢?他们看到的是你总在做坏事,你想一想,要是别人把你的东西弄坏，掐你的脸，你愿意吗？"

"不愿意！"

"那你愿意和破坏你东西的小朋友一起玩吗？"

"不愿意！"

"所以，小朋友也不愿意跟你玩，你快跟他们道歉，他们一定会原谅你的。"

在妈妈的帮助下，开始有孩子愿意和浩浩一起玩了，而浩浩的破坏行为也渐渐减少，朋友越来越多。

孩子自控能力差，有时会故意去毁坏别人的物品，这时最好的教育方法是让孩子从别人的角度思考自己行为的对错，从而改掉自己的不良行为。

在引导孩子时，父母要设身处地地观察、思考，尝试了解孩子及其内心世界，体验他的情绪、感受、需求和意图，以感同身受的方式帮助他把情绪、感受表达出来，表示父母理解他。如果孩子的情绪、感受从来没有被别人理解、关注过，他是不可能学会以同样的方式与别人互动的。孩子被理解的那一刻就是引导的最佳时机，请他反过来体验别人的情绪和感受，而不仅仅局限于关注他自己的情绪和感受。"己所不欲，勿施于人"的道理就是通过这种方式被孩子感知的。父母要做的仅仅是向孩子提供及示范什么是恰当的方式。

有的时候，父母可以利用角色扮演游戏，让孩子学会站在他人的角度想问题，比如玩过家家，当孩子扮演不同的角色时，就需要说适合这个角色的话，做适合这个角色的动作，完成这个角色应做的事情。

丁丁在13岁生日那天和妈妈玩了一个游戏，那就是"角色互换"。带着新鲜感的丁丁很快进入了角色，趾高气扬地让"女儿"做作业、画画。接着，妈妈也开始向丁丁提出要求："妈妈，把我的袜子洗了。""洗袜子?"丁丁不由得愣住了,然后不情愿地拿着妈妈的袜子去卫生间洗干净。接着,妈妈又把平时丁丁要求自己做的几件事都提了出来,等丁丁做完已经是汗流浃背,她跑向妈妈,说:"妈妈,你平时照顾我真是太辛苦了!"

通过角色扮演,孩子可以学会理解他人,感激和关心他人,进而珍惜自己拥有的一切,并且体会到帮助别人是一件幸福的事情。

父母还可以给孩子讲一些关于换位思考的故事,丰富阅读体验,跟孩子做一些互动小游戏,让孩子在阅读他人的作品时体会他人的思想和情感。

阅读小贴士:

幼儿的心理与行为问题主要有以下几种:

1. 多动症。

2. 社会行为问题,包括爱发脾气、好打架、争吵、说谎、嫉妒、搞恶作剧、不能和其他孩子友好相处、有破坏行为、偷窃等。

3. 性格和情绪问题,包括任性、自私、固执、娇气、胆怯、退缩、易哭泣、懒惰、自卑、过分敏感、过度幻想等。

4. 神经功能障碍,包括排泄机能障碍、言语障碍、睡眠障碍、强迫行为、神经紧张等。

5. 不良习惯,包括吸吮手指、咬指甲、眨眼、挖鼻孔、耸肩、咬衣服、玩弄生殖器等。

6. 意志力薄弱,挫折耐受力差,表现为怕苦怕累,害怕困难,遇到困难退缩逃避、束手无策和依赖成人,受不了委屈、责备、批评等挫折打击。

7. 学习上的问题,包括注意力不易集中、反应迟钝等。

第八章　立规矩，告诉孩子不要越过安全的雷区
——从小培养孩子的安全意识

校园暴力、交通意外、触电溺水等事件，在生活中时有发生，父母要从小培养孩子的安全意识，让他们终生牢记安全永远第一。

1. 正确对待孩子的隐私

随着年龄的增长，孩子的生活领域、知识、情感都逐渐丰富起来，自我意识、自尊心也在不断增强，原先无所顾忌敞开的心扉也会随之关闭起来。但是，很多父母没有意识到孩子正在长大，忽略了孩子也会有自己的秘密，总认为父母可以随心所欲地进入孩子的世界，闯入孩子的"隐私地带"，甚至粗暴干涉，私拆孩子的信件、监听电话、偷看日记等。

这样一来，双方的矛盾便产生了。孩子觉得父母不尊重自己，父母也觉得孩子不尊重长辈，矛盾激化，造成亲子关系紧张。

互相尊重，是父母与孩子之间很重要的相处模式。现实中，无论是父母还是孩子，都缺乏这样的意识，缺少相互沟通和理解。作为父母一方，要学会尊重孩子的隐私，不要把孩子当成自己的私有财产。

小爱13岁生日那天，爸爸送了一份让她很意外、很感动的礼物——一个带锁的精美日记本，她很兴奋但又有点不好意思地说："还是老爸最了解我！"爸爸却一本正经地对她说："爸爸送给你日记本，是希望它可以记录你的成长，你可以用它来适当封锁自己的世界，毕竟这也是正常的需要和渴望。爸妈理解并支持你想拥有秘密的愿望,但是你与爸妈必须约法三章!"说到这里,爸爸又恢复了往常的幽默,继续对小爱说,"第一,你要经常和爸妈交流、谈心,不能有了日记本就不想理爸妈了;第二,如果有什么自己无法解决的问题,不要独自烦恼,爸妈随时准备着为你排忧解难;第三,无论发生什么,要相信爸妈非常爱你,心甘情愿地为你付出。"

相信面对如此开明的父母,孩子会愉快地接受这份平等的"契约"。

允许孩子有自己的小秘密,尊重孩子的隐私权,给孩子一个自由的空间,为孩子能深藏一份隐私创造条件和环境,这样,孩子在需求得到满足之后反而愿意倾吐心中的秘密,使亲子之间的感情更加融洽。

当然,尊重孩子的隐私,并不意味着放弃教育孩子的责任。要知道,心理断乳期的孩子虽然独立、自主意识增强了,但还没有建立正确的世界观,要独立而不知如何独立,求自由却不懂何为自由,心理意识交错复杂而充满矛盾,还不够理性。所以,父母对孩子要给予积极引导。

首先是做孩子的朋友,以平等的态度与孩子多交流沟通,聊聊自己少年时代的所思所想、成功和挫折、经验和教训,甚至是一些可以与孩子谈论的自己青少年时期的隐私,以达到与孩子在情感上的沟通,让孩子真切感受到父母的关切之情,把父母当成值得信赖的朋友。

而父母对孩子也应该有一个基本的信任,不要总是担心孩子是非观念淡薄,无法应付复杂的问题,容易受不良因素的影响。要知道,孩子总有一天会长大,需要拥有自己的空间,父母只能调整自己,学会信任孩子,进行科学引导,为孩子营造宽松的成长环境。

即使发现孩子有不良倾向和越轨的思想行为,也不必惊慌失措,可以跟孩子一起谈谈理想、事业、道德、人生观、价值观、金钱观等问题,引导孩子树立正确的人生观、价值观等,提高孩子按规范要求调整自己行为的能力。

2. 青春期的性教育

性教育在全世界都是一个棘手的问题,即便是在人们认为较为开放的欧美国家,家长们也在为性教育问题而头疼,因为即使性观念比较开放了,但是相关的安全问题、对身体的危害问题依然是家长们需要重视的。而中国向来没有大方谈"性"的传统,一代又一代,从父母到学校,对这个话题都讳莫如深,既不主动教育,又对好奇的孩子缺乏包容,反而推脱搪塞。

有的父母认为,对于孩子提出的性问题,最好什么也不说,沉默或者打岔才是最好的办法。这样的态度,实际上是一种"鸵鸟"式的教育,即在孩子提出问题以后,父母往往保持沉默或者回避问题。在他们看来,跟孩子过多谈论性知识肯定不是什么好事,认为那是有意引起孩子注意。但这样闭口不谈,往往会让孩子觉得,性是不能谈论的话题,是丑陋的事情,从而形成对性持否定态度的价值观念。

渐渐地,孩子不再向父母提出性问题,认为大人根本不想谈这方面的问题,而且他们会认为性是一个禁忌的话题。亲子之间越是回避性话题和交流,孩子就越会觉得那是一件不该启齿的事情,但是他的好奇却与日俱增,并且觉得性越来越神秘。

小雨最近不知怎么了，脑子里常常会出现一些自己与异性亲近的场景，甚至晚上做梦都会梦到有一个男孩在吻她，而她却不知道那个男孩是谁，也看不清他的模样。小雨觉得自己患上了某种疾病，感觉自己仿佛生活在黑暗中，对生活和学习都失去了兴趣和热情，整天无精打采，提不起精神来。

案例中的情形其实是性幻想的一种表现，很多青春期孩子都会出现这种现象，也苦于寻找一种可以从性幻想的世界中解脱出来的方法。

孩子之所以会产生幻想，最大的原因还是好奇，他们对性有了朦胧的了解，但又从来没有接触过，这就使他们的好奇心被高高吊了起来。但现实是，他们知道自己不应该发生那样的行为，因此只能在幻想中满足自己的好奇和探索欲。从某种角度来说，如果父母发现孩子在憧憬性行为，恰恰说明他还没有偷尝"禁果"，还停留在幻想阶段。

适度的性幻想对青春期孩子并无大碍，一旦过度则会对他们的身心造成伤害，甚至导致他们误入歧途。因此，父母一定要多关注孩子，在理解的基础上引导和教育好孩子。

美国性教育家戈尔顿教授说过："不要指望仅仅用某种教科书来解决孩子青春期的所有问题，最好的家庭性教育的方法是与孩子拉家常。"为了不让家庭成为性教育的盲区，父母要选择恰当的时机对孩子进行性教育，帮助孩子正视"成长的烦恼"。

男孩的遗精、女孩的月经都是孩子青春期来临的重要标志，在此前后父母要注意引导，让孩子感受到成长的喜悦和自豪，同时也感受到长大的庄严。及时给孩子讲一些与其年龄、理解能力相符合的性知识。对于孩子的白日梦、手淫等现象，父母不要责骂，而应给予充分的注意和理解，并及时给孩子讲解相关知识。

比如为孩子购买正规出版的科普读物、科普光盘,满足其好奇心。事实上,孩子认为性很神秘,通常会主动通过电视、网络等进行了解。与其让孩子自己寻求答案,不如让他通过正规的渠道,适当了解与其年龄相符的青春期性知识。

千万不要以"谎言"来回答孩子的提问。大多数孩子在受了欺骗之后,随着年龄的增长,会慢慢识破父母的谎言,而且父母的做法有可能让孩子也变得虚伪、不诚实,同时让孩子认为在性的问题上是不能说真话的。另外,成年人的一些不恰当的玩笑,也会使孩子对性知识产生误解,这需要父母特别注意。

特别要提醒的是,过早接触性行为对孩子的生理、心理均会产生严重危害,因此在日常生活中及时对孩子示警很有必要,比如:对年幼的孩子灌输异性触摸自己私处是不友善的行为;对已经步入青春期的孩子来说,过早与异性进行性接触很可能对性器官产生危害,感染诸多疾病,为未来的健康成长埋下隐患;学会洁身自好比学会使用避孕套更安全;等等。

即便孩子发生了性行为,父母也不要一味斥责。少男少女的性行为往往是在隐蔽状态下进行的,双方常伴发紧张、害怕、恐慌等心理,事后会有不道德感与羞愧感,假如因此造成严重后果,更会让孩子惊恐不安,无所适从。对此,父母一定要做好孩子的心理疏导工作,不该发生的事情已经发生了,首先要让孩子认识到自己的错误,其次让孩子放下心理包袱,把这次错误当作成长的契机。

阅读小贴士:

据统计,我国未成年人的性知识将近70%来自于黄色杂志、三级片和成人网站;24%以上通过各类书籍获得;仅有约1.66%和

1.32%的孩子，性知识来自最有责任承担性教育义务的学校和家庭。

而世界卫生组织的一项调查结果表明，恰当地进行性教育并不会导致青少年较早发生性行为，恰恰相反，它可以帮助青少年对性知识、性发育采取科学的态度，理解和尊重健康的性行为，从而帮助他们克制自己，对性行为抱着认真、负责的态度。

3. 外出注意安全

相比在家里，孩子外出更容易发生意外，特别是在一些公共场所和陌生的地方，比如购物广场、公园或者景点。父母在与孩子外出时应该格外留意孩子，尽量让孩子在自己的视线范围之内活动，但是父母的精力毕竟有限，所以有必要在出行前教给孩子一些注意事项。正所谓"授之以鱼，不如授之以渔"，父母既然做不到寸步不离，那么培养孩子的自我保护意识和能力才是解决问题的办法。

2017年3月，一则"男孩骑共享单车遇车祸身亡，家长索赔878万"的消息引发了网友的热烈讨论。事故发生在上海。一名11岁的男孩在使用共享单车的过程中与客车相撞，被卷入车底，不幸身亡。事故发生当天，男孩在路边找到了一辆密码锁可直接打开的共享单车，于是和3个小伙伴一起上路骑行。在交警出具的事故认定书中，客车司机向左转弯时，疏于观察路况，未确认安全通行，在本起事故中负次要责任。而该男孩未满12周岁，骑着自行车在道路上逆向行驶，而且疏于观察路况，未确认安全通行，在本起事故中负主要责任。

同年6月10日，陕西省宝鸡市的一名小学生在翻越学校护栏时，小腿不幸被护栏的尖刺插中，倒挂在护栏上不能动弹。事情发生后，民警、消防官兵和热心群众一同托举着这个孩子防止二次伤害，医护人员也举着液体瓶，在现场为孩子输液。最后消防人员操作钢筋剪断钳，小心将钢筋剪断，孩子才脱离了危险。

不难发现，上述孩子之所以身亡、受伤，主要是因为不遵守公共场所的规则。规则的存在并不是为了束缚我们的行为，反之，规则恰恰提醒我们哪些行为是危险的，从而保证我们的安全。

以下几个地方可以说是孩子破坏规则的重灾区，父母一定要提醒孩子严格遵守规定。

（1）野生动物园。在游览途中不要打开车门和车窗，不能把手或头伸出车窗，不能随意上下车；下车观赏时要在警戒线外观赏；在步行区不要大声喧哗，不要挑逗、惊扰动物；在有警示牌的区域，要遵守动物园的提示，不要向动物投掷食品或其他杂物；在隔离区不能翻越栅栏；不要脸贴、手扶隔离网；给动物拍照不要使用闪光灯。

（2）游泳池。做好准备活动再下水；没有家长和教练陪护，不要私自进入深水区；不要在游泳池四周打闹和跳水。

（3）游乐场。玩滑梯时以正确的坐姿下滑，严禁头部朝下滑；服从工作人员管理，按顺序入场，确保安全有序地游玩；乘坐高空高速设施时，应佩戴安全设备。

（4）深水池塘、河堤。不要在深水区域游泳、垂钓，不要在周边玩耍、打闹。

另外，不要去可能发生危险的地方，不要去容易发生高空坠落的地方，不要去有危险标识的地方，如电梯、旋转门、天井、湖边、小胡同等。

和父母一起外出时，对于很小的孩子，安全距离是必须和父母拉着手；大一点的孩子，安全距离是确保父母能看到他，他也能看到父母；再大一点的孩子，万一和父母走散，一定要回到分开的地方直到再见面为止。这种安全教育非常重要，父母可以设定奖励和惩罚。如果孩子不遵守就进行惩罚，让他意识到这一点非常重要。还要教会孩子拨打电话，并熟记父母的手机号码，遇到紧急情况可以及时拨打。

外出时，交通安全也是必须注意防范的。父母要将红灯停绿灯行、街道转弯处要小心、走路靠右靠里、走人行横道这些基本常识教给孩子，还要提醒孩子走路时注意脚下，看到井盖绕过去；还可以给孩子看一些交通事故的视频，起到警示提醒的作用。

父母还要告诉孩子，如果父母不在身边，不要理睬陌生人的搭讪，不要接受陌生人给予的任何物品，对于陌生人提出的任何要求和请求都要坚决拒绝，比如声称迷路，要求孩子带路等。也不要因为陌生人的夸奖、赞美而沾沾自喜，失去警惕。要始终记住一条：不要理会陌生人。

阅读小贴士：

在不少新闻里，可以发现很多孩子遭遇性侵犯的时候，并不知道自己身上发生了什么，更不知道应该如何应对。经历了一件很陌生的事情，他们可能会本能地感觉到哪里不对劲，但具体是什么，他们并不清楚。父母需要给孩子树立一个有关身体边界的意识，也就是说：在孩子成长的过程中，他们是自己身体的主人，随时可以欢迎或拒绝来自外界的对自己身体的碰触和接近。

孩子需要知道什么是被侵犯。具有身体边界意识的孩子，在家庭以外或者父母没有照看到的地方，遭受一些轻度的或试探性的性侵犯时，他们会向父母求助，从而减少了进一步遭到侵犯的可能。

4. 学会自我保护

每个孩子都是天使,都是父母的心肝宝贝。儿童安全现在不仅是父母最关心的问题,也是一个社会性问题。统计数据更是异常残酷:我国每年大约有 18 万名 5 岁以下儿童死亡,其中,意外伤害致死者占我国儿童死亡总数的26.1%,而且这个数字还在以每年7% ~ 10%的速度增长。

父母的庇护不会出现在任何时刻,孩子要学习怎样去解决生活中的疼痛甚至困难。尝试了,体验了,即便是痛,也是他们人生最初几步中宝贵的财富,感受了才能深刻意识到以后应该小心避免。

生活中,一些有远见的父母就很注重这方面的教育,他们深深懂得,孩子的人身安全是第一位的大事,而保护孩子的最佳手段莫过于让他掌握保护自己的方法。

在这方面,哈佛女孩刘亦婷的母亲的做法值得我们参考借鉴。

从上幼儿园开始,妈妈就告诉婷婷:妈妈不会委托任何人以任何理由来接她,所以,谁打着妈妈的幌子来接她,都不能跟着走。为了让孩子重视这件事,妈妈还设计了很多"演习",让婷婷识别各种可能的骗局。

从小学二年级起，婷婷就独自乘坐公共汽车上学，一天来回4趟。在这个过程中，妈妈还是很担心，为了提高婷婷的警惕性，妈妈经常用报纸杂志上拐卖妇女儿童的案例做教材，和女儿一起分析骗子常用哪些骗术，被骗的人自身又有哪些弱点容易上当受骗。分析之后，妈妈把避免意外的原则归纳为两句话：一是危险的地方不去，二是不贪图任何"好处"。

在父母的反复强调下，婷婷很早就懂得了保护自己。中午的时候，因为父母忙于工作，通常是婷婷一个人在家。为了防止意外，妈妈给她做了一项硬性规定：独自在家时，不给任何人开门，对于自称是服务维修的人员，也告知对方等父母回来再说。

孩子的自我保护能力不是天生的，而是来自于父母的教育。父母平时要从一点一滴做起，告诉孩子有关水、火、电的安全知识，提高孩子的安全意识。比如，随手关水龙头；不要触摸电线和开关；一旦有煤气泄漏，应马上关闭煤气总开关，并打开门窗通风，绝不可在此时开关任何电器，以免引发火灾；手不要放进正在转动的电扇里，以免被割伤；发生火灾时，用湿布捂住鼻子逃离现场；等等。父母还要教会孩子拨打紧急电话，如110、119、120等；教会孩子一些基本的医学常识，如急救的方法等。

对于生活中不会轻易遇到的安全隐患，父母可以通过讲故事、做游戏、收看电视新闻等方式让孩子得到启发，日后遇到类似问题，孩子才能从容应对；还可以利用电视教育媒体创设多种情景，让孩子学习自我保护的方法，比如家里或教室里着火了，躲在什么地方最安全等。通过学校、父母的正确引导，增加孩子的自我保护经验。另外，还可以开展一些自我保护实验，比如地震如何逃生、怎样包扎伤口、怎样灭火等，有效提高孩子的自我保护能力。

为了防止孩子因为听信他人的谎话或受到物质引诱而造成走失或被拐骗的事件，父母有必要教给孩子防走失、防拐骗等自我保护技能。比如，上学放学尽量走大路，少走僻静小路；不接受陌生人的玩具、食品；不与陌生人交谈，不搭陌生人的便车；一旦被陌生人带走，要大声呼喊求救；熟记家庭住址和父母的电话号码、姓名、工作单位名称和地址等；独自在家时，如果有人敲门，应从门镜观察或隔门问清楚来人的身份，如果是陌生人就不要开门，等等。

同时，父母还要告诉孩子，并非陌生人才有危险。根据调查，对儿童进行性犯罪的嫌疑人中有90%是儿童认识的人。父母应特别提醒孩子不要单独外宿或者跟异性到任何地方去。

父母可以在大众媒体播出的节目中寻找教育孩子的机会，比如看到孩子被绑架的电视新闻，可以借此问问孩子："如果碰到同样的情况，你会怎么做？"如果新闻报道某个孩子在一个僻静的地方玩时被骗子带走了，不妨和孩子讨论一下哪些地方对孩子来说是不安全的。在探讨的过程中，孩子会比平时更认真地听父母的话。

告诉孩子，遇到危险时，求助是自保的最佳方法。求助时，如果找不到警察，还可以找那些辨识度高的人，比如公园、商场、电影院等地统一着装的工作人员。为了更快捷地帮助孩子找到父母，父母要让孩子记住重要的电话号码或者家庭住址，然后跟孩子说明电话、地址只能跟警察说。

当然，仅仅跟孩子讲述一些自护自救的方法是不够的，因为孩子当时可能记住了，但过后很快就忘了。唯一的方法是通过角色游戏和多次演练来让孩子掌握要领。在家庭游戏中，父母可以设计多种可能发生的情境，向孩子提出问题，测试其反应能力，同时还要演练父母和孩子之间如何保持通信联络。

需要注意的是，每个人对于危险的定义是不同的，如果父母本身做事小心谨慎，会认为孩子的很多行为都存在危险；如果父母本身比较疏忽大意，对危险的认定则会放宽一些。不管怎样，父母在保护孩子的安全时应注意以下几点：

（1）保证孩子的安全并不等于让孩子生活在真空环境中，一味阻止孩子的探索行为，保证孩子的绝对安全，在某种程度上会限制孩子的成长，因此，在安全与成长之间寻找一个平衡点很重要。

（2）阻止孩子的危险行为，目的是让孩子学会判断危险，当父母不在身边的时候能够主动规避危险。

（3）随着孩子的成长，原来危险的事情也会变得不那么危险，父母要给孩子提供相对安全的锻炼机会。

（4）不能只是简单制止孩子的危险行为，而要解释清楚。这种解释可能要重复很多遍，花费许多心思。

（5）无论父母制止与否，孩子总会想做一些自己没有做过的事情，这时，与其简单制止，不如给孩子提供帮助和安全指导。孩子长大后，父母不可能 24 小时监控孩子的行为，如果孩子在父母绝对控制的环境中长大，当父母不在身边时更容易出现冒险行为，而且因为对危险缺乏判断能力，更容易发生危险。

爱孩子永远都不会嫌多，也永远不会有错，但父母一定要注意爱孩子的方式，既不能草木皆兵，把自己的恐怖经历传授给孩子，让孩子丧失探索未知的勇气，也不能将孩子置于真空环境中，只知道世界的美好，而不了解这个世界还有阴暗险恶的一面。父母既要让孩子感受到世界美好的一面，也要让孩子了解阴暗的一面，让孩子知道好人总比坏人多，但坏人也存在于我们身边，要有起码的自我保护意识与警惕性。

5. 孩子之间玩闹要有分寸

很多时候,孩子一个看似不严重或不经意的举动,不仅会给自己的家庭带来沉重的经济负担,还会给其他孩子造成身体上的伤害,耽误彼此的学习和成长,留下终生遗憾。

小敏是小学一年级的学生。一天放学后,他和同学在学校里玩耍,几个孩子互相叫闹着,偶尔追逐一下,还时不时拿出铅笔在纸上写写画画。突然,一个同学举起手里的铅笔在空中挥舞着,小敏没来得及躲开,削得尖尖的笔尖刺进了他的脸部,鲜血从他的脸上流了下来。后来,老师将小敏送进医院,并通知了他的家人。医生检查后发现小敏脸上的伤口很深,为避免留下疤痕,不能采用缝合手段,只能先用纱布将伤口包起来,每天换药,等伤口自然愈合。

课间休息时,9岁的小森和同学们玩开了,大家正玩得高兴,意外发生了。同学小哲将小森绊倒在地,小森爬起来后,发现自己掉了两颗门牙。他的父母带他去口腔医院治疗,诊断为门齿冠折露髓。由于两家人商谈赔偿未果,小森的父母起诉到法院,要求判令学校和小哲连带赔偿各项损失共计15000元,其中包括牙齿修复费用 14000 元。法院最终判决小哲的父母赔偿损失 15000 元，但驳回了要求学校赔偿损失的诉讼请求。

以上案例都是典型的因同学之间过分打闹而引发的。其实，同学之间朝夕相处，在紧张繁忙的学习之余开开玩笑，相互嬉戏，并不是不可以。但是，孩子毕竟是孩子，玩闹的时候把握不好分寸，如果出现不恰当的行为，就很可能引发意外事故。

对于教室在高楼层的学生来说，楼梯是他们的必经之路。尤其是上下学和课间，来往学生多，如果放松警惕，上下楼梯的时候互相推搡、玩闹，一不小心就会出现危险，严重时还会危及生命。因此，父母要和孩子好好沟通，禁止他在楼梯间追逐打闹，并说明后果的严重性，以此警示孩子。

有些孩子相处的时间长了，彼此之间非常投缘，于是关系格外亲近一些，开玩笑、打闹的时候就会忽略场合，甚至在走廊上追逐、推搡，一旦造成重伤或者死亡，最终受害的是两个家庭。

一些孩子，尤其是男孩子在一起时，喜欢玩一种类似"斗鸡"的游戏，即双方叉开腿站着，双手向前伸抓住对方的肩膀或脖子，用力往前顶，如果力度掌握不好，就有可能摔倒，甚至扭伤对方的脖子。摔跤也是很多男孩喜欢的游戏，打闹的双方互相用脚去勾对方的腿，使其摔倒。如果摔重了，很容易伤到尾椎骨或后脑部。还有一些孩子会突然伸腿绊正在走路或奔跑的同学，这时同学如果摔倒，很容易造成严重事故。有些孩子还喜欢玩抽空椅子的把戏，以同学摔倒时的窘相来取乐，但是教室里布满桌椅，摔倒者容易磕在硬物硬角上造成严重伤害，如果直接摔倒在地，还容易伤到尾椎骨。

父母要教育孩子本着尊重他人、安全第一的原则，不做过激的行为，不开过分的玩笑，平安愉快地过好校园生活。

阅读小贴士：

根据《最高人民法院关于审理人身损害赔偿案件适用法律若干问题的解释》第七条，未成年人致他人人身损害的，应当承担与其过错相应的赔偿责任。两儿童共同玩耍，其中一名儿童的行为致另一名儿童受伤，过错方应当承担与其过错相应的责任。

《民法通则》第一百三十三条规定，无民事行为能力人造成他人损害的，由监护人承担民事责任。监护人尽到了监护责任的，可以适当减轻其民事责任。若受害方儿童监护人和致害方儿童的监护人放任儿童单独玩耍，监护人本身就存在一定的过失，即没有尽到必要的监护义务，则应当对损害结果的发生承担相应的责任；若尽到了监护义务，从道德的角度来讲，监护人也应适当承担一定的责任，积极面对如何处理损害结果，而不是消极对待，扩大或放任事态发展，这对未成年人的成长及其社会责任感的教育都是十分不利的。

第九章　立规矩，培养孩子正确的金钱观
——让孩子从小树立正确的金钱观

金钱本身没有善恶、黑白之分，生活中有的人之所以误入歧途，正是因为没有正确的金钱观。所以，父母在引导孩子理解金钱本质形态的同时，更应该让他们懂得金钱的"精神内涵"。

1. 花钱不能大手大脚

生活中，有些父母总爱抱怨："我家孩子花钱一直大手大脚，每个月的零花钱都在不断上涨""我家孩子总买一些没用的东西，花钱毫无计划"……其实，孩子乱花钱的习惯与父母的引导和教育息息相关。

父母没有告诉孩子金钱是通过劳动换取的报酬，加上人们生活水平的提高，父母过于宠爱孩子，对孩子几乎有求必应，结果孩子养成了花钱大手大脚的习惯，不仅增加了家庭负担，还直接影响孩子树立正确的金钱观念。

在《中国孩子的金钱教育》一书中，有一个例子。

经济学家问一个孩子："你知道钱是什么吗？"

孩子："我知道啊，就是一张张纸。"

经济学家："那你知道这些纸是怎么到你手上的吗？"

孩子："知道啊，过年的时候，会有压岁钱；过生日的时候，也会有钱。反正每次过年和过生日，我都可以拿到钱。"

经济学家哑口无言。是啊，他怎能指望一个毫无金钱意识的孩子明白，钱是通过劳动换来的，是需要去挣的。孩子没有这种经历，只能按照自己的常识去理解——过年有压岁钱，过生日有生日费，于是，钱就变成了压岁钱和生日费。只要过年、过生日，他就会有钱，既然钱这么轻松就可以得到，花起来也不会有什么感觉。

"中国孩子理财教育缺失的一个重要特点，就是中国孩子根本没有金钱意识，他们不知道金钱是从哪里来的。在孩子看来，金钱就像是一种玩具，一张可以随意摆弄的纸。他们完全忽略了金钱背后的劳动付出。"

现在很多孩子花钱大手大脚，其实并不是因为他们铺张浪费，而是他们根本没有浪费这个意识。归根结底，就是没有金钱观念。调查显示，64%的孩子无从得知钱是怎么来的，所以也不知道父母赚钱有多辛苦。建议父母在教育孩子的时候告诉孩子自己的工作是什么，每个月的工资是多少，让孩子明白家里的钱来之不易，孩子懂得这个道理以后，就不会乱花钱了。在美国，每年4月，父母会抽出一天时间带孩子到自己工作的地方，让孩子体验父母辛勤劳动的情景，唤起孩子对父母的感激，懂得劳动的价值。

有些父母为了防止孩子养成乱花钱的毛病，从来不给孩子零花钱。他们认为，孩子需要什么，跟父母说就行了，需要买的自然会给他钱，不需要就不能给——这样做表面上看似乎不错，结果却可能让父母失望。因为这种控制本身已表达了对孩子的不信任，剥夺了孩子消费方面的自由选择权，而且表现得很苛刻，对培养孩子正确的金钱观毫无好处。童年时期在金钱方面严重匮乏的人，成年后容易在金钱方面斤斤计较，过分吝啬或过分贪婪，缺少平常心。实际上，零花钱是用来培养孩子理财观念的工具，重点是帮孩子学会理财技巧。也就是说，教孩子使用零花钱是让孩子学会做好消费预算、节约及自己做出消费决定的重要教育手段。

为了在日常生活中培养孩子的金钱观念，父母可以让孩子体验一下当家的难处，比如带孩子去超市、商场、菜市场购物，让孩子看看如何货比三家，如何讨价还价，如何量入为出，如何计算性价比，如何抑制购物冲动，并随时给孩子指点诀窍。同时，鼓励孩子对物品重复利用，不要随用随丢，以减少浪费；将零花钱存入银行，不要随便花掉；尽量在家做饭，减少在外就餐。有时间还可以让孩子算一算在家吃饭比在外面吃饭能节省多少钱，这不仅能增强孩子的节俭意识，还锻炼了孩子的计算能力。

一位妈妈为了给孩子买一辆物美价廉的自行车，逛了3家商店，最后用省下的20元给孩子买了一个他向往已久的乒乓球拍。妈妈用自己的实际行动让孩子了解到什么是价格差，什么是理智消费。学会了这些，孩子在以后花钱时不但会精打细算，而且会有很强的计划性。

有的时候，孩子的钱到底花在了哪里，就连孩子自己也弄不明白。这时，父母可以教会孩子记账。刚开始孩子也许不知道从何下手，父母可以给予适当的帮助。把零花钱交给孩子后，给孩子做一个全面分析，有多少东西必须在接下来的这个周期内购买，除去必要的开支，孩子还剩下多少钱可以自由支配，怎么花才不会超支。

制定计划后，还需要切实执行才会有效果。父母要严格监督孩子执行计划，尤其是年幼的孩子，自制力较差，更需要父母的监督和引导。如果孩子在执行计划的过程中表现良好，自制力强，父母可以给予一定奖励，这样不仅可以调动孩子的积极性，而且能够形成良性循环。反之则要有相应的惩罚措施，但惩罚只是为了让孩子更好地执行计划，而非惧怕，因此，奖惩标准要合适。

当孩子因过度花费而犯错时，父母不要轻易帮助他渡过难关，应该让孩子体验过度消费带来的严重后果，从而学会对自己的消费行为负责。

阅读小贴士：

犹太人财商教育最重要的一点，是培养孩子延后享受的理念。在这方面，犹太人是这样教育孩子的："如果你喜欢玩，就需要去赚取你的自由时间，这需要良好的教育和学业成绩。然后你可以找到很好的工作，赚到很多钱，等赚到钱以后，你可以玩更长的时间，玩更昂贵的玩具。如果你搞错了顺序，整个系统就不会正常运转，你只能玩很短的时间，最后的结果是你拥有一些最终会坏掉的便宜玩具，然后你一辈子就得更努力地工作，没有玩具，没有快乐。"

2. 虚荣心要不得

生活中，不管成人还是孩子，都有虚荣心。虚荣本身是精神层面的，是一种心理的自我满足，主要体现在两个方面：一是精神生活方面，二是物质生活方面。

虚荣心在精神生活方面的要求表现为对荣誉、褒奖、表扬等的热衷。这对孩子来说有着积极作用。一个对名誉特别看重的孩子，会千方百计取得理想的成绩，以获得父母师长的认可和赞赏，这是健康的虚荣心。

虚荣心在物质生活方面的要求表现在衣食住行用等方面。现在很多孩子不同程度地存在攀比心理，比谁的衣服是名牌，比谁的书包、文具高档，比谁的零花钱多，比谁家有车……

为了杜绝学生之间的攀比现象，学校也主张学生们平时穿校服，但是，"吃要美味，穿要名牌，玩要高档"的奢侈之风依然在校园里大行其道。

比如，有个孩子说："学校平时要求我们穿校服，所以只有穿一双比较高档的鞋子才能显示出我的个性。班里的同学对鞋子都很讲究，谁穿上名牌，谁穿上新款，马上就会成为大家谈论的话题。我们班40多个同学，几乎人人都有名牌鞋子，有的甚至有四五双。如果有谁不穿名牌，就会觉得很没面子。"

诚然，现在生活条件好了，在经济允许的情况下，父母给予孩子一定的物质享受也很正常，但是，如果一味攀比就没有必要了。有的父母自己就喜欢把拥有名车、豪宅看作成功的标准，而孩子的心理尚未成熟，辨别能力较差，父母作为孩子人生的第一位老师，日常的言行举止和价值取向都对孩子有着很大影响。作为父母，首先要给孩子树立良好的榜样，正确引导孩子的消费观和价值观，不要在孩子面前与人攀比，不把各种名牌、奢侈品挂在嘴边。

父母还要从小给孩子立规矩。现在经济条件好了，父母在物质上一般不会亏待孩子，但是，如果没有从小教育好孩子，孩子就很容易滋生攀比心理。所以，对于孩子的零花钱，父母要立好规矩，每个月和孩子协商需要多少零花钱，让他自由支配，写出自己的开支列表，不够的话自己想办法，从而做到花钱有规矩。

当然，孩子还小，有时花钱难免会大手大脚，这时父母不要一味地责骂，否则会激发孩子的逆反心理，导致更严重的攀比行为。沟通的时候一定要注意方式方法。比如让孩子参与劳动，明白挣钱的不容易，或者让孩子体验一下比较艰苦的生活，慢慢在心里树立正确的金钱观。

有的时候，孩子攀比是因为跟风，不愿接受"人有我无"的现实。比如看见同伴有了什么东西，也想要买一个。这时，父母可以跟孩子讨论一下是否真的需要，如果真的需要，可以买；如果只是因为别人有自己也想有，那么父母要告诉孩子："别人有是因为他们需要，我们没有是因为我们不需要。同样，有些东西我们有而别人没有，每个人的需求不同，拥有的物品自然不同。"或者直接告诉孩子"我们家的经济条件达不到"，让他知道父母挣钱的辛苦，不可能时刻满足他的要求。

最重要的是,父母要帮助孩子建立自信。喜欢攀比的人,内心总是缺乏自信。一个内心强大的人,不需要通过和别人比较来证明自己。所以,帮助孩子建立自信,有助于让他远离攀比。对于孩子身上的闪光点,父母应该毫不吝啬地赞美;看到其他孩子的优点,父母在夸赞的同时,也不要忘记列举自己孩子的一些优点,告诉他:"谁都有自己的长处,别人的优点我们要学习,我们的优点也值得别人学习。"这样,孩子就不会觉得自己一无是处,能坦然看待自己和他人的长处,不会因为父母褒奖别人而产生攀比心理。

3. 树立正确的金钱观

　　金钱观是对金钱的根本看法和态度。众所周知，钱可以买到很多东西，可以让我们过上较为舒适的生活。但是，生活绝不是拥有高档的物品就美满了，幸福的生活除了物质享受之外，精神上的愉悦也是必不可少的，甚至更为重要。正确的金钱观可以让我们对金钱建立一种正确的认识，知道"取之有道，用之有度"。

　　研究表明，孩子金钱观的萌芽期是在6岁以前，形成期是在6~12岁，12~18岁是发展期。从这个意义上讲，循序渐进地对孩子进行金钱观的教育，有助于培养孩子正确的生活态度、理解金钱与人生的关系。这些对孩子为未来生活做好准备、实现自己的愿望，都有着重要意义。

　　孩子受年龄、心智、阅历等各方面的限制，难免陷入金钱至上、享乐为先的误区。在帮助孩子形成正确的金钱观念时，父母要让孩子明白，金钱只是一个等价交换物，人的一生不能受制于金钱，富不可骄，贫不可卑，人的幸福不是用金钱来衡量的。

　　为了根除女儿金钱可以解决一切的观念，李艳婷可谓费尽心思。看到媒体上关于因患绝症医治无效而死亡的报道，李艳婷就会对女儿感慨一番："即便是亿万富豪，在绝症面前也往往无能为力。"女儿也会赞同地点头："看来金钱并不是万能的。"

有一次，女儿参加学校组织的郊游活动，李艳婷特意没有给她带水，而是让她多带了一些钱。回来后，女儿感慨地说："荒郊野岭的，连买水的地方都没有，有钱都花不出去。还好我和同学关系不错，不然就活活被渴死啦。看来，朋友比钱靠得住。"在李艳婷的引导下，女儿的价值观渐渐发生了变化。

如果孩子没有树立正确的金钱观，认为钱是万能的，有了钱就能拥有自己想要的一切，就会变得拜金，自私自利，唯利是图。我们很难想象，当孩子的眼睛里只有金钱，对任何美好的事物都难以提起兴趣，对任何事情都从利益角度考虑时，其行为会出现怎样的偏差。

同时，没有正确的金钱观，孩子就不会懂得金钱是通过辛勤的劳动付出得来的，想花钱就跟父母或长辈要，由此，他们会觉得父母给自己钱花是天经地义的事情。慢慢地，孩子就会养成挥霍、浪费、没有节制的消费习惯，而且会变得不知珍惜，没有感恩之心，不懂得孝顺父母，当有一天父母不再愿意给孩子零花钱时，孩子很可能会产生怨恨，甚至导致可怕的结局……

有些父母自己的世界观、人生观、价值观非常正确，自己也是一个高尚的人，但如果不教育孩子，孩子未必能像父母那样拥有正确的人生观、价值观。现实生活中，有很多社会公认的伟人、好人，他们的孩子不但没有继承父母身上的美德和优点，反而走向反面，犯下大错甚至大罪。这些事实证明，父母自己独善其身，不对孩子加以教育，不一定可以保证孩子也能"善其身"。所以，父母一定要在思想上高度重视对孩子的教育引导，首先要端正自己的态度，不拜金、不炫富，即便家里再富有，也不在孩子面前肆意摆阔，更不要甘当孩子无限额的"提款机"。

对于孩子需要买的东西，父母应该先衡量东西的性价比以及孩子使用的必要性，告诉孩子："我不可能给你买所有你想要的东西，所以你只能选择其中最重要的。"如果确实对孩子的学习成长有帮助，可以考虑买给孩子，同时教会孩子保护和珍惜东西。

有些父母常常有意无意地夸大金钱的作用，比如对孩子说："亲我一下，给你一块钱。"有的甚至认为有钱就是高贵，比如对孩子说："你看他看起来多贵气，因为他有钱。"这恰恰是把孩子引向对金钱的崇拜，而没有引向对自我能力的提高、对个人社会价值的追求。父母要让孩子明白，金钱只是解决生活问题的一种媒介，它本身并不能解决生活问题，比如金钱换不来爱，换不来信任，换不来尊重。

阅读小贴士：

当孩子向父母要钱时，父母错误的做法如下：

1. 直接拒绝。父母应该引导孩子的消费观念，询问孩子为什么需要钱，而不是简单粗暴地拒绝孩子。

2. 评判孩子的欲望。有的家长会列出一堆理由来证明孩子不应该提这个要求，甚至自欺欺人地说这样做是为了孩子好。孩子需要的东西可能在父母眼里根本没有必要，但在孩子心里，那就是他真正想要的东西。

3. 运用父母的权力伤害孩子。无论给与不给，父母都要尊重孩子的欲望，可以不满足，但是不能自以为是地去评判和贬低。

4. 让孩子学会理财

俗话说："吃不穷，穿不穷，不会计算就受穷。"与其给孩子留下百万财富，不如教孩子学会理财。孩子从小学会理财，就能养成不乱花钱的习惯，还能培养独立生活的能力和家庭责任感。

美国威斯康星大学麦迪逊分校的教授凯伦·霍顿指出，孩子养成良好的理财习惯，并不需要多强的数学能力，他们只需要理解那些基本但很重要的概念就行了。

从孩子出生起，金钱就已经和他扯上了关系。当孩子看见父母为各种项目付费，并且开始用钱在报摊或便利店进行消费时，就已经模糊地了解了金钱的力量，它能满足生活上的一切需要。反而是父母经常忽略这一点，误认为金钱观念就是讨论投资、储蓄等，或者认为不让孩子接触金钱，可以让他更专注于学习。其实，这种态度是在逃避问题。

犹太人是这个世界上最会经商、最富有的民族，这与犹太民族的教育有着密切关系。犹太人很小的时候，父母就对他们开始了金钱意识和赚钱能力的培养，所以，他们很早就知道怎样赚钱，怎样去挖掘自己的"金钱"。石油大王洛克菲勒就是一个典型的例子。

洛克菲勒出生于一个典型的犹太家庭，他的父亲使用犹太人的教育方式来教育他。从洛克菲勒四五岁开始，父亲就让他帮助妈妈干各种力所能及的事情，作为奖励给他一些零花钱。父亲还会把各种劳动标上价格，比如给父母做一顿早餐可以得到12美分。洛克菲勒的年龄再大一点后，父亲告诉他，如果他想多赚一些零花钱，必须通过劳动来获取。于是，洛克菲勒就到父亲的农场帮父亲干各种活，比如挤牛奶、搬牛奶桶等，然后把父亲交给他的活都用钱来量化，记录在自己的账本上，一段时间后再和父亲结算一笔钱。每当这个时候，父子两人会针对账本上每一个工作环节的完成情况讨价还价，有时两人甚至会为一项细微的工作争吵起来。

洛克菲勒6岁的时候，把从父亲那里赚来的50美元贷给了附近的农民，并商定利息和归还的日期，到了时间他就去讨要，结果收回了53美元75美分。这让当地的农民觉得他很了不起，这么小的孩子居然有这么强的商业意识。

由于早期商业教育的帮助，洛克菲勒在后来的事业中顺风顺水，获得了成功。

而洛克菲勒有了自己的孩子后，也从未放松对孩子的教育。他有5个孩子，孩子从7岁开始，每周可以领到30美分"津贴"，但必须分成三个部分：自己花、储蓄、施舍。每当孩子领津贴的时候，洛克菲勒还会给他们发一个小账本，让他们记载每一分钱的用途和时间，因为每项开支都要有理由。周末进行检查，如果哪个孩子漏记了一笔账，就罚他五美分。而记录无误的孩子则可以得到五美分的奖励。

在市场经济和商品社会中，一个人的理财能力直接关系到他一生的事业成功和家庭幸福。从小进行理财训练，可以教给孩子正确的理财观念，帮助孩子减少无谓的花费，避免陷入债务危机，甚至可以避免孩子走上违法犯罪的道路。再者，孩子一旦了解了理财投资方面的知识，便会明白世上没有免费的午餐，长大后就不会轻易相信那些投资少、回报多的骗局，减少被骗的机会。

以下是美国少儿理财教育的要求：3岁，能辨认硬币和纸币；4岁，知道每枚硬币是多少美分；5岁，知道硬币的等价物，知道钱是怎么来的；6岁，能够找数目不大的钱，能够数大量的硬币；7岁，能看价格标签；8岁，知道可以通过做额外工作赚钱，知道把钱存在储蓄账户里；9岁，能够制定简单的一周开销计划，购物时知道比较价格；10岁，懂得每周节约一点钱，留着大笔开销时使用；11岁，知道从电视广告中发现理财知识；12岁，能制定并执行两周的开销计划，懂得正确使用银行业务中的术语；13岁至高中毕业，进行股票、债券等投资活动的尝试，以及商务、打工等赚钱实践。

这段经典的儿童理财规划，可以作为孩子理财教育的范本。它提醒我们，孩子的理财教育要尽早开始，并需要不间断地在生活细节中影响孩子。

孩子还小的时候，父母可以教他分辨不同硬币、纸币的价值，并给他准备存钱罐，让他把零花钱放到存钱罐里。有个实质的存钱罐，可以让孩子清楚感觉到金钱存放的地方，并且实际看到、感觉到金钱的累积。

当孩子的零花钱少于想要买的东西时，可以让孩子将想买的东西列出优先次序，让孩子学会取舍，知道很多时候不是自己想要的东西都能全部得到。平时带孩子去商店，也可以让孩子在众多商品中选一样自己真正想要的东西。当孩子面对很多玩具或糖果时，往往很难做出选择，或想要多拿几样，这时父母要坚持孩子只能选择一种，渐渐地，孩子就能学会做出取舍。

当孩子大一点以后，可以将孩子存钱罐里的钱拿出来，带孩子到银行开一个孩子的专属账户，让孩子定期存钱，告诉孩子利息的概念，将银行储蓄的种类、利率等知识逐渐传授给孩子，这种体验式的教育可以让孩子对理财的印象更加深刻。通过为孩子开设一个独立的银行账户，可以让孩子逐渐学会看懂存折，了解银行的功能，也有助于增强孩子对"自己账户"的责任感。同时，父母可以定期让孩子看看其储蓄账户的金额，从中体验到"积少成多"的乐趣，并养成良好的消费、储蓄习惯。

除了储蓄之外，还可以进一步引导孩子进行其他投资活动，比如基金、国债、保险等，让孩子了解各种理财品种，尽早树立理财意识。

父母可以给孩子定一个理财目标，让孩子体验理财带来的好处。在孩子达到目标后给他一些奖励，比如带他去旅游，或者给他买一件他喜欢的东西。孩子体验到了理财带给自己的诸多好处后，理财的兴趣就会增加，从而将理财行为继续下去。

阅读小贴士：

美国教育网站上的一份清单——孩子应知的20个趣味经济学常识。

3~5岁：

1. 你需要用钱来买东西。

2. 你需要从工作中赚钱。

3. 你有时需要等待才可以买到你想要的东西。

4. 你想要的事物和你所需要的东西之间是有差别的。

6~10岁：

1. 你的钱该怎么花，要自行做出选择。

2. 购买东西之前，货比三家是个好习惯。

3. 将你的个人信息放到网上与人分享，很可能是代价高昂和危险的。

4. 把你的钱存进储蓄账户里，既安全可靠，又能收到利息。

11~13岁：

1. 你得到的每一块钱，应该至少存下一毛钱。

2. 在网上输入个人信息，比如银行账户和信用卡号，一定要防范风险，因为有可能会被其他人窃取。

3. 你越早存钱，钱增值得越快，这是由于复利的缘故。

4. 使用信用卡就像是贷款。如果你每个月不全额支付账单，就需要付利息，因此最终要付的钱比你原来花的钱要多。

14~18岁：

1. 当你准备选择大学时，应该先比较每所学校的学费和开销，看看哪一所学校更适合自己。

2. 你应该避免用信用卡来买你用现金买不起的东西。

3. 你的第一份工资单可能比你想象中的要少，因为它要交税。

4. 把你的钱存储和投资在 Roth IRA（罗斯个人退休账户）是个不错的选择。

18岁以上：

1. 只有当你每个月都有钱付清债款时，才可以使用信用卡。

2. 你需要医疗保险。

3. 为了应急，你要存有至少3个月的生活开支。

4. 投资时，要考虑风险和年度手续费。

第十章 立规矩,父母应该避开的误区
——没有教不好的孩子,只有不会教的父母

父母在立规矩时要做到立场坚定,沉着冷静,不妥协,一切按规矩办事。千万不要与孩子发生争执,否则他们在辩论中会觉得有商量的余地。

1. 父亲角色的缺失

在现代社会，由于竞争日趋激烈，人们的生存压力越来越大，众多家庭中的父亲开始从家庭生活中抽离，而同在职场打拼但工作相对轻松的母亲则承担起了养育孩子和照顾家庭的重任。这也就使大部分孩子接受的家庭教育是以母亲的教育为主，这对孩子一生的发展是很不利的。

一般来说，父母在很多方面都是互补的（这也是他们走到一起的原因之一），这种互补一方面说明了他们各自性格和能力上的缺陷，同时也为孩子建立更加完整的思想和能力体系提供了全面帮助。

母亲的关爱能让孩子在童年获得足够的幸福和温暖，父亲的管教则可以约束孩子的行为，父母为孩子制定的规矩可以确保孩子的人生不会脱轨。当然，现实中也存在严母慈父的情况，这时父母的责任可能会发生转换，但无论如何，父亲作为教育孩子的重要一员，在孩子的童年时期扮演着不可或缺的角色。

鲁迅是我国伟大的文学家，他对儿子的爱和教育却鲜为人知。

鲁迅和许广平育有一个男孩，名叫海婴。鲁迅写过一篇题为《我们现在怎样做父亲》的长文，主张对于孩子，要天然相爱，愿他生存；尽力教育，使之向上；完全解放，育为新人；要以"俯首甘为孺子牛"的积极态度抚育新一代。

因为许广平母乳不足，海婴幼时身体瘦弱，频频生病。鲁迅经常带海婴去医院看病，或者请医生上门诊视。此外，对于儿子买药、洗澡、种痘、补牙、理发乃至晒太阳、量体重、过生日等事宜，他也经常过问。

海婴个性活泼，经常缠着父亲。鲁迅喜欢饭后靠在藤椅上，把零食放在桌边，一边吃一边悠闲地看书。海婴往往从藤椅下钻出来，毫不客气地抢父亲的糖果、饼干。鲁迅只是微笑地看看儿子，从不训斥他。海婴也不害怕父亲，有时还会挤在鲁迅身边，轻轻揪他的胡子玩，更喜欢像骑马一样坐在他的身上，亲昵地伏在父亲胸前，提出一个个天真的问题。鲁迅喜欢孩子"敢说、敢笑、敢骂、敢打"的天性，希望他做一个活泼而真诚的人。

海婴也有着男孩淘气、顽皮的一面，家中总是充斥着他的吵闹声。有时鲁迅正在写作，海婴从背后悄悄上来，用小手在笔的顶端一拍，稿纸上立刻黑成一团。鲁迅只得搁笔说："唔，你真可恶！"但海婴早已一溜烟地跑了。他在外面玩也常常闯祸，不是被玻璃刮破了手指，就是和别的孩子发生冲突。在家里他也不肯静坐片刻，有时模仿士兵开枪射击，杀声盈室；有时模仿演员挤眉弄眼，放声歌唱，搞得鲁迅无法安心工作。不管他还好，一管他，他就会以不吃不喝来消极反抗。尽管如此，鲁迅还是在工作之余，以深沉的父爱满足孩子的种种要求。

海婴五六岁时，鲁迅常常对他说："海婴，爸爸希望你将来做一个活泼、真诚的人。"海婴用懵懂的大眼睛看着父亲，鲁迅微微一笑，把海婴搂在怀中。海婴并不是很明白父亲的话，但他从父亲真诚的眼神中看出了父亲对他的殷切期望。

鲁迅认为，要教育好孩子，必须理解孩子。"倘不先行理解，一味蛮做，便大碍于孩子的发达。"有一天，鲁迅从饭店里买了几个菜，请客人们吃饭。其中有一盘鱼丸，海婴吃了一口就说不新鲜，但别人都说是新鲜的。许广平又给海婴一个，海婴一吃又说不新鲜。鲁迅把海婴碟子里的鱼丸夹了一个来尝，果然不新鲜了。鲁迅说："他说不新鲜，一定有他的道理，不加以查看就抹杀是不对的。"

鲁迅的做法当然不是偏袒自己的孩子。他尊重孩子，努力了解孩子的心理活动，以便实事求是、恰如其分、有效地教育和引导孩子健康成长。海婴长大后，果然如鲁迅所期望的那样，性格活泼、待人真诚。

对于孩子来说，成长的过程中既离不开母亲的呵护，也离不开父亲的教诲。母亲往往是细腻、温柔的，而父亲则是强大、可靠的，完整的家庭教育应该是母亲和父亲结合起来的教育。

心理学研究发现，相对于家庭完整的孩子，在父亲角色缺失的家庭中长大的孩子，其规矩、愧疚感、道德判断与道德发展水平都比较低。根据一项针对儿童的反社会行为与父亲缺失关系的研究发现，在父亲角色缺失的家庭中长大的儿童，更容易出现反社会行为，而且即使有继父或其他男性角色填补进来，其反社会行为也不会减少。随着儿童不断长大，其道德问题和反社会行为很有可能演变为犯罪行为。

其实，身为父亲，钱可以慢慢地赚，事业也可以一步步地发展，今年不行还有明年；至于自己的娱乐，更要摆正位置，不要整日沉迷于吃喝玩乐，而漠视了自己的行为对孩子的不良影响。孩子成长中的每一个脚步都是不可能重复的，许多事情一旦错过就不可挽回了。

耶鲁大学曾经针对父亲的教育与孩子成长的关系进行研究，结果表明，与缺乏父亲教导的孩子相比，有父亲参与教育的孩子往往智商更高，更容易获得成功的人生。

（1）有利于孩子养成良好的个性。与母亲相比，父亲往往更坚强、勇敢、独立、果断等，父亲能让孩子潜移默化地受到熏陶，并主动模仿父亲的言行举止。在与他人相处时，孩子会表现出不退缩、更具亲和力和同情心，而且更容易成为团队中的领头人。

（2）有利于满足孩子的积极情感。在陪伴孩子时，父母的方式通常不一样。母亲一般喜欢孩子安静一些，喜欢给孩子讲故事、唱儿歌、一起过家家等，而且在孩子有大胆的举动时，妈妈出于安全考虑，往往会加以制止。而父亲则恰恰相反，他们更擅长通过踢足球、打篮球等较为激烈的运动和孩子一起玩耍，讲故事也喜欢采用比较夸张的方式来调动孩子的兴趣，支持和鼓励孩子的大胆举动，所以孩子更喜欢和父亲一起玩耍。

（3）有利于孩子的性别角色认知。孩子对男女两性的认识一般来源于家庭，认为女孩就应该像妈妈一样，男孩就应该像爸爸一样。如果家庭教育中缺少了父亲的角色，不仅不利于男孩对同性的认同，而且也会影响女孩对异性的认知。

（4）有利于孩子智力的发展。在推动孩子的智力发展上，父母采用的方式不同，所起的作用也有很大差别。母亲一般是通过书籍或周围的环境来教孩子认识事物、思考问题；而父亲则喜欢通过实践活动来引发孩子的探索意识、创新思维，提高孩子的动手能力，促进孩子好奇心和求知欲的发展。可以说，这两种教育方式，对孩子的智力发展都是不可或缺的。

2. 态度不够明确，容易妥协

在教育孩子懂规矩守规矩时，亲子之间的冲突在所难免，所以，父母教育孩子往往需要勇气，即使管教会给双方带来不快，但还是要正视冲突，不轻易妥协，也不在众人的非议下退缩。比如在超市、餐厅、商场、火车车厢，围观者往往会指责父母看起来强硬的处理方式。记住，要想让孩子遵守规矩，父母必须在围观者面前证明自己的勇气。即使是在亲朋好友家里等较为私人的场合，也应该坚持到底。一旦父母动摇了，妥协了，承担后果的不是父母，而是孩子。

一般来说，孩子5岁左右就懂得试探大人的态度与反应。如果父母太过溺爱孩子，他就会我行我素，变得没有规矩。父母不妨留心观察，有些孩子在哭闹的时候，总会偷看父母的反应，只要父母的态度有所松懈，他们马上就会变本加厉，继续哭闹下去，直到目的达成为止。更有甚者，如果父母不顺他们的意，他们就会想出其他办法来要挟父母或家人。

而相比以前的父母，现在的父母比较容易自我批判，态度也因此变得不够确定。他们知道孩子需要设限，但又不知道如何设定有效的、合理的界限。

有些妈妈说：我每次都向孩子解释得很清楚，为什么有些事情不能做，而有些事情必须做，但孩子还是不肯放弃他的想法，最后常常陷入无休止的讨价还价中，有时为了一件小事就纠缠很久，比如每天要不要刷两次牙。

向孩子解释原因、考虑孩子的想法当然比简单地命令孩子要好，但好言相劝也不能没完没了，孩子会利用这样的机会不停地讨价还价。如果父母首先表现出犹豫，孩子就会"乘胜追击"，最后往往使父母制定的规矩顺着孩子的心意改变。

时值炎夏，安安和妈妈在超市买东西。

安安："妈妈，我想吃冰激凌。"

妈妈："你今天早上已经吃过了。"

安安："但我现在也想吃。"

妈妈："吃太多冰激凌不好，你会生病的。"

安安："可是我真的很想吃。"

妈妈："不行，时间不多了，我们得赶紧回家做饭。"

安安："求求你啦，妈妈，给我吃个冰激凌嘛……"

妈妈："好吧，下次绝对不可以这样了……"

在这个案例中，孩子最终如愿以偿。她的做法是，对妈妈提出的理由置之不理，只是一再简洁、坚决、明确地重复自己的愿望。而妈妈所做的几乎是所有父母面对这种情况会采取的做法：说出理由，开始讨论。她想要孩子了解为什么不可以吃冰激凌。从她的角度来看，她同样希望孩子明白她的愿望，结果使一个清楚明确的指示变成了一段冗长的讨论，最后她可能完全忘记了自己到底想要什么。

记住，并非所有规矩都可以让孩子参与并讨价还价。比如，外出遵守交通规则就毫无商量的余地。此外，当时间很紧或父母耐心不够时，不要跟孩子继续纠缠下去，只需对孩子清楚地说一遍："现在结束讨论，就这样做！"不要有丝毫的犹豫。如果孩子发现父母的态度是认真、严肃的，一般会照父母的话去做。

很多时候，父母往往不能始终如一地执行规矩。比如，由于疲劳、情绪低落或者希望孩子尽快安静下来，父母决定做出让步。但是，父母的让步会让孩子知道是什么举动使自己得逞的，日后有同样的需求时，他只会故技重演。

如果父母规定孩子每天晚上睡觉前一定要把玩具整理好，那么在实际生活中就必须这样要求他，等孩子养成这个习惯后，他就不会再故意耍赖或找借口不遵守了。

面对孩子违反规矩的行为，千万不能心软、纵容，一定要让孩子明白，他的行为必须有界限，父母不会因为他哭闹就妥协。要牢记，让孩子养成良好习惯的主动权掌握在父母手里。

阅读小贴士：

让孩子停止讨价还价的五句话：
"这个问题我已经回答过了。"
"这个话题我们不讨论了。"
"对话结束。"
"别再提这件事了。"
"这件事已经决定了。如果你再问的话，就要承担后果了。"

需要注意的是，这些拒绝针对的是孩子提出的父母无法承受的要求，而不是用这些话随随便便地应付孩子。其他时候，父母仍然需要站在孩子的角度考虑问题。

3. 立规矩后急于求成

常言道：十年树木，百年树人。培养教育孩子不可急于求成，不可急躁，而要循序渐进、慢慢引导，要明白欲速则不达的道理。

为了研究儿童在不同成长阶段对规则的认识，心理学家皮亚杰做了一个非常经典的"打弹球"试验。试验发现，0~2岁的儿童玩弹球时没有任何规矩的概念，纯粹按照自己的欲念和运动习惯玩。2~7岁的儿童，开始模仿别人玩弹球的方式，接受外部给予的规矩，但不会在意一起玩的其他儿童是否遵守同样的规矩，所以他们常常同时在游戏中感觉获得了胜利。7~10岁的孩子渐渐意识到，如果能在团队中获得足够的支持，玩弹球的规矩其实是可以改变的——他们可以参与规矩的制定。这种阶段划分只是一种大致情形，具体到每一个孩子，可能会有一些上下浮动。

这也说明，孩子的心理发育过程比身体发育过程要复杂得多。如果父母不能准确体察孩子所处的心理发育阶段，难免会对孩子提出过高要求。

给孩子制定规矩是必须的，但孩子的规矩意识不能跳跃式地强求，而需要引导。正如一个人被蒙着眼睛带进漆黑的空房间里，他会下意识地张开双臂，尝试碰触屋子的四壁。这是一种探索安全边界的本能，孩子也有这样的本能。父母可以顺应孩子不同的心理阶段，引导、鼓励孩子去探索，并用自己的反应让孩子感受到其行为的"边界"，帮助孩子明白哪些行为是被赞赏鼓励的，哪些行为是不受欢迎的。

这是一个漫长的过程，父母要给孩子一个适应的时间，让他逐渐学会遵守。当孩子不好好吃饭、不好好刷牙、不好好整理房间时，父母要时刻提醒自己，给孩子立规矩是一件不必急于求成、也无法急于求成的事情。孩子的心理成长有其规律，父母是规律的体察和学习者，而不是规律的制定者。比如，孩子喜欢乱扔东西，可以告诉他："如果你再扔，就会失去你最喜爱的玩具。"孩子每次扔东西都会受到相应的惩罚，以后他再想扔东西，想到的不是扔东西的乐趣，而是失去心爱玩具的痛苦。

为了在使孩子遵守规矩方面保持平常心，父母要遵守循序渐进的原则，允许孩子犯一些小错误，给孩子一点缓冲的时间，当孩子的行为变成一种习惯时，自制力自然而然就形成了。相反，父母简单粗暴的制止不仅不会促进孩子的自制力养成，还会使孩子产生抵触情绪。

孩子的不良习惯通常是日积月累慢慢形成的，改掉坏习惯比养成好习惯的难度要大得多，所以，父母应该对孩子的点滴进步给予肯定，让孩子感受到成功的喜悦。比如，孩子不愿吃蔬菜，经过劝导，现在每顿饭都会吃一些蔬菜了，父母对此应该给予肯定，让孩子知道自己有所进步。如果对孩子要求过高，一旦孩子达不到标准，不仅父母会失望，孩子也会泄气。

对于犯错的孩子，父母应该用温和的语气让孩子明白，只要改正错误就是好孩子，让孩子感受到父母的爱心和关怀，从而增强改正错误的决心。有的父母总是对孩子的过错抱着严厉的态度，以为这样可以让孩子痛改前非，但这样也容易毁掉孩子的自信心。

同时，父母还要保持耐心。孩子在成长的过程中，有时表现好，有时表现差甚至退步，都是很正常的事情。在孩子表现差时，父母可以给孩子指出来，同时表明自己的感受，如生气、烦恼、悲伤、失望、灰心丧气等，让孩子为自己犯下的错误感到羞愧，以后不再犯同样的错误。

为了让孩子坚持下去，父母要记得奖励孩子已经形成的自制力。精神上，父母可以多表扬孩子："你的进步很大，坚持下去，一定会成功的！""你今天的表现让我感到骄傲！"注意物质奖励不能过于频繁，不能说："你今天要是能学习一个小时，我就给你买个新玩具！""你要是好好完成作业，我就带你去吃麦当劳！"这样会使孩子的自制力带有表演性质，不利于孩子的健康发展。

阅读小贴士：

心理学上有一个著名的"雷珀实验"，心理学家雷珀挑了一些爱绘画的孩子，分为A、B两组。他告诉A组的孩子，画得好，就给奖品；告诉B组的孩子，我很喜欢你们画画，我想看看你们画的画。两组孩子都高兴地画了自己喜爱的画。A组孩子得到了奖品，B组孩子只得到了具体的点评。3个星期后，心理学家发现，A组孩子大多不主动去绘画，绘画的兴趣也明显降低，而B组孩子仍和以前一样愉快地绘画。后来，心理学家又在不同的国家、不同的兴趣组进行多次类似的实验，结果仍然一样。

从实验结论可以看出，奖励在调动积极性、持久性方面是有局限性的。奖励可以在初始阶段调动孩子做事的动力，但是在后期也容易掩盖事情本身，使孩子变成仅仅是为了奖励而去做事。

4. 过度限制孩子的自由

有人说:"在中国父母眼中,孩子就像是他们的私人物品一样,是没有个体权利的。"这是很多喜欢控制孩子的父母心里最自然的反应,孩子是我生的,是我的私人物品。孩子必须听从父母的安排,无论孩子有什么理由,不听话就是不对,不孝顺。

诗人纪伯伦说:"你的儿女,其实不是你的儿女。他们是生命对自身渴望而诞生的孩子。他们借助你来到这世界,却非因你而来;他们在你身旁,却并不属于你。"

父母的爱,不应该是对亲密关系的绑架,放手不等于失去;紧紧抓住不放,才让人难以呼吸。尊重孩子的权利,是21世纪的中国父母最应该遵循的教育理念之一。

小静今年10岁,是小学四年级的学生,她玩心很重,每到寒暑假就玩得忘乎所以,总是到开学的前几天才开始拼命地赶作业,而且每次都做不完,还出现很多错误,妈妈已经被叫去开过几次家长会了。

这个暑假,为了避免小静再犯这样的错误,妈妈给她制定了一个暑假学习计划,要求她在假期的前半个月完成全部作业,之后才能玩。结果,小静坚持了两天就撑不下去了,觉得这个计划太累,每天做作业做得头昏脑涨,应该将完成作业的时间拉长一些。但妈妈坚决表示反对,不允许有丝毫改变。就在母女俩僵持不下之际,爸爸进行了调解,表示只要小静能够制定一个合理的计划,就可以让她按照她的计划来完成假期作业。

经过一天的认真思考,小静给自己安排了每天上午和下午各2个小时的学习时间,其余时间则自由支配。父母同意了她的计划,并在计划中加了一条:每天早上不能睡懒觉,必须在8点以前起床,并跑步30分钟。在父母的监督下,小静整个假期基本能按照自己的计划来安排时间,开学后,她将工整的暑假作业交了上去。

生活中,由于父母的要求和束缚,很多孩子活得很压抑,毫无自由的感觉,父母似乎恨不得让孩子成为机器人,根据输入的指令完成一系列的动作。这种感觉太糟糕了。实际上,无论是学习还是游戏,孩子都需要自由,这种自由能够带给孩子独立和自信,并且随着时间的推移帮助孩子更好地做出决定。比如在游戏过程中,孩子先玩皮球或先玩橡皮泥有什么不同吗?孩子为什么一定要跟着父母的节奏和意志来游戏呢?

不要用太多规矩限制孩子的自由,应该让孩子做自己喜欢的事情。如果父母有顾虑,可以用"共同决定"的方法来诱导他。比如,孩子喜欢玩电脑,不能一味地禁止,告诉他作业做完了就可以玩,但是一周只能玩2个小时。如此,把每一个否定变成机会,把自主权从父母身上转移到孩子身上。

很多时候,孩子之所以不愿意执行父母制定的规矩,是因为他毫无自主权和选择权。从这一点来看,父母在给孩子制定规矩的时候,为了提高他执行的自主性,可以跟他商定一个范围,允许他在这个范围内进行有限的选择。

在这个过程中,父母可以提供指导和参考,但是千万不要完全代替孩子去思考。只有在思想上给予孩子足够的空间，父母设立的规矩才有可能被孩子主动接收，受到孩子的认可并成为他思想和行为的一部分。

给孩子一点空间，还包括适度宽容孩子的行为和思想。比如，父母要求孩子在非假期少玩游戏，但不能完全禁止孩子玩游戏，适当玩一下游戏有助于孩子放松身心，否则孩子可能会心神不宁，甚至逃课去玩。只有当孩子过于痴迷游戏，影响了学习和生活时，父母才需要加以制止。有的父母要求孩子放学后必须马上回家，但如果孩子有集体活动，时间与父母制定的规矩相抵触，父母应通融一下，不能为了维护规矩而不知变通。

当然，生活并非总能如愿，如果父母提出选项，孩子根本不去选择，而有自己的主意，应该怎么办呢？这时，如果孩子的要求合理，父母不妨顺势答应他；如果孩子的要求不合理，可以告诉他："我不能接受这种做法，或者你再想一个我能够接受的方式……"通过不断沟通，最终找到一个双方都能接受的做法。

阅读小贴士：

根据美国一项长期跟踪的科研调查显示，父母越让孩子体会到自主权，孩子越容易按照规则和要求行事。能够参与家庭决策权的孩子更倾向于信赖父母，乐于分享自己的想法。小时候有更多自主权的孩子，长大后会更加自信，更易坚持不懈地面对困难和失败。从长远来看，与孩子一起想出解决办法，会比传统方式花费更多的时间和精力，但这个过程对于孩子的社交、道德和心智发展有着很大好处。

5. 滥用惩罚措施

孩子犯了错而父母不加管教，就难以让他从错误中吸取教训。只要能够公平，不苛刻，处罚孩子并无不妥。答罚也能收一时之效，但从长远来说却适得其反。孩子遭到父母打骂后不会从中学到自制，反而会产生恐惧，也因此觉得以大欺小没有什么不妥。

傅雷先生是中国著名的翻译家、作家、教育家，他的儿子傅聪则是一位国际级的钢琴大师，可以说，傅聪的成就是傅雷逼出来的。傅雷对儿子管教十分严厉，他在楼上翻译作品，儿子在楼下练琴，中间稍有停顿，他就下来抓着儿子的头往墙上撞。这种做法不仅使孩子受到了摧残，也使傅聪的母亲在精神上受到了刺激。

傅雷在教育儿子时，表现出来的完全是一个中国式的强权父亲的形象。这不仅表现在他逼迫傅聪学习钢琴上，还表现在生活上，大事小事应该怎么做，他都规定得清清楚楚，没有任何商量的余地。从这一点来看，傅雷的教子方式是值得反思的；但他在学术上的造诣也是众所周知的，而且因为傅聪日后的成功，他的家教方法至今仍然受到很多父母的推崇。

不过，傅雷曾经深刻反省过自己的教育方式，晚年他给儿子写信说:"我也知道从小受些挫折对你的将来多少有些帮助,但是,爸爸毕竟犯了很多很大的错误。自问人生对朋友无愧,唯独对你和你母亲感到有愧良心,这是我近年来的心病。这些天它一直像噩梦一样在我脑海中徘徊。可怜我过了45年,父性才真正觉醒。"傅聪回信表示已经原谅了父亲的过失,傅雷激动地在第二封信中写道:"我感到难以置信的高兴,儿子和我终于成了朋友,天下还有比这更幸福的事情吗?我为我的儿子感到骄傲和自豪!"

良好的教育必须经由父母精心规划,然后心平气和地对孩子进行引导。孩子在相对平和的环境中更容易接受父母的管教,自觉规范自己的行为,这样的教育才会有效果并产生长久而深远的影响。

乔治·华盛顿是美国历史上受人尊敬的总统之一,他小时候非常聪明,喜欢问"为什么",表现出强烈的好奇心。他的父亲是个大种植园主,很喜欢花草树木。有一次,父亲买来几株稀有的樱桃树种在花园里,并耐心地为樱桃树松土、浇水,使樱桃树长得又快又好。

一天,华盛顿走进花园,望着枝繁叶茂的樱桃树,脑子里忽然冒出了一个想法:这棵樱桃树长得这么好,里面是不是藏有什么宝贝?他急于找到答案,便拿了一把斧头把樱桃树砍断了,遗憾的是,他什么也没有发现。看着自己亲手砍断的樱桃树,他内心开始害怕起来。

父亲回家后很快便发现了这件事,他非常恼怒地问道:"这是谁干的?"华盛顿虽然害怕,但还是实话实说,承认道:"爸爸,樱桃树是我砍的,我很抱歉。"

望着诚实的儿子,父亲虽然生气,但还是对全家人说:"我们都应该向华盛顿学习,学习他这种诚实和勇于认错的精神!"

这就是华盛顿父亲的聪明之处，事情已经发生了，再生气也没有用，而且他从华盛顿主动承认错误这件事中看到了孩子身上的闪光点：一是诚实，二是担当。于是，他借助这个机会，原谅并夸奖华盛顿，让华盛顿意识到这两种品质的可贵，从而让华盛顿在以后的人生中将这两种品质继续保持和发扬下去。

为了让孩子更好地成长，惩罚应该人性化一点，照顾孩子的自尊，不以侮辱性的语言谩骂孩子，同时就事论事，不牵连，毕竟惩罚的目的是为了帮助孩子认识到自己的不足，而不是刺伤孩子幼小的心灵。针对孩子的错误，按约定的规矩进行惩罚、冷处理、让孩子承担后果等，都是比较好的惩罚办法，既不伤害亲子关系，也能达到教育的效果。

阅读小贴士：

父母经常体罚孩子会带来哪些后果呢？

经常挨打的孩子，一见到父母就会感到害怕，不敢接近。不管父母要他做什么，也不管父母的话对与错，他都会乖乖服从。在这种"绝对服从"的环境中成长，孩子容易变得自卑、懦弱。

经常挨打的孩子，会感到孤独无援，尤其是当众挨打的孩子，自尊心会受到伤害，并且怀疑自己的能力，自感低人一等而显得比较压抑、沉默，认为老师和小朋友都看不起自己。所以，这种孩子往往不愿意与父母、老师交流，也不愿意和小朋友一起玩，性格显得比较孤僻。

还有的孩子，父母越打他，他越不认错，常常用离家出走、逃学来与父母对抗，变得越来越固执。

6. 对孩子产生厌恶情绪

生活中，几乎所有父母都生过孩子的气。当然，生气并没有错，生气也是一种正常的情绪反应，问题是当我们生气时，我们很难清晰地接受这一信息。在这种特殊时刻，我们会把孩子当成自己的假想敌。

想象一下，父母在指责孩子的缺点："真是笨手笨脚！所有东西都被你弄坏了！""笨死了！""你这个谎话精！"或者更概括性地说："你真令人受不了！""我再也受不了你了！""你很讨厌！""你会气得我心脏病发作！"这类指责不是对孩子的行为提出合理的批评，而会让他觉得父母在否定和鄙视他。因此，这不会激起孩子修正行为的决心，反而会强化他努力争取父母注意的想法，并且让孩子产生负面感受：强烈的罪恶感和报复心——根据孩子的性情而定。这类辱骂会迅速而又彻底地打击孩子的自信。如果再加上大吼大叫的话，后果会更严重。

有一个教育短片叫《语言能造成多大的伤害》，虽然只有短短2分钟，却让人感到非常震撼。其中的一些话你也许刚刚才对自己的孩子说过："你不嫌丢人，我还嫌丢人！""就没见过你这样笨的！""你看看别人家的孩子！"……很多父母都以为只有打孩子才会伤害孩子，却不知道言语上的伤害同样会在孩子内心留下深深的烙印。更要命的是，这种言语上的伤害在生活中比比皆是，而且不断上演。

下面是美国著名儿童心理学家指出的父母责备孩子的不良态度，其中还列举了一些会让孩子变坏的责备方式。

侮辱：笨蛋、傻瓜、没用的东西，你简直是个废物！

非难：不让你做，你非要做，真是不可救药！

压制：别狡辩了，我不会听的。

强迫：说了不行就是不行！

威胁：你再这样做，我可不管你了！

挖苦：让你拖个地，你就打烂东西，真是够能干的！

父母做出的所有敌视反应，包括威胁和辱骂、严惩与体罚，都有一些共同点：它们是父母无助的表现，是对孩子的"报复"。因为父母的努力到目前为止似乎徒劳无功，于是借它们来表达自己的不愉快和愤怒。

不可否认，所有父母都会犯错，因为所有父母都有人性的弱点。大部分父母会因为自己做出的敌视反应而产生罪恶感和良心不安。但这毫无帮助，唯一有用的是能让父母保持头脑清醒并防止失控的教育方式。

如果发现自己在想孩子的各种缺点，应该及时打住，深呼吸，告诉自己不要生气，不要揪着问题不放。冷静下来，抓住问题的核心，才能获得正确的信息。你害怕孩子的行为吗？面对孩子所处年纪的正常行为，你会感到精疲力竭或者压力巨大，以至于失控吗？即便你已经失控，停下来，深呼吸，稳住失控的情绪；闭上嘴巴，即使话已说出一半。不要不好意思，这样做是为了控制你的愤怒情绪，不乱发脾气。

学会感受自己的愤怒，感受自己的压抑，感受窒息般的感觉，好好地感知这一切。当父母敞开心扉，坦然面对自己的情绪时，会发现这些情绪在逐渐转变、消融。一旦我们面临这些情绪，要学会接受它们，这样它们就会慢慢消失。

现在，重新确定一下自己所处的状况，你会发现自己有了不一样的感觉。如果你一直想着要好好教训一下孩子，你将很难冷静下来。相反，如果你一直提醒自己——他这样做只是因为他还是个孩子，他更需要的是父母的爱，那么你就更容易摆脱愤怒情绪。

告诉孩子，你对自己的心烦意乱感到十分抱歉，并且想要重新开始。这一次一定要冷静，倾听孩子的心声，从孩子的角度看待问题。不要急着去责备他，试着找出解决问题的方法。比如，当孩子损坏了什么东西，问问他打算怎样修理它。

如果你习惯了发火，需要转向新的自我训练模式，这需要不断地练习。可喜的是，每当你抑制住愤怒情绪的时候，你就在重组自己的大脑思维模式，久而久之，控制自己的愤怒情绪就会变得越发容易。

阅读小贴士：

科学研究证明，情绪不稳定的父母，也难以培养出人格健全的孩子。中央综治办和中国青少年研究中心曾在全国范围内对未成年人进行调查，发现在家里被"经常骂"的孩子不良性格特点最为明显：25.7%的孩子"自卑"，22.1%的孩子"冷酷"，56.5%的孩子"暴躁"。

7. 随意下"最后通牒"

当孩子不听话时，父母有时会不知不觉地运用威胁手段，给孩子下"最后通牒"，比如："如果你现在不整理房间，就整个礼拜都不准离开房间一步！""如果你再欺负妹妹，我就痛打你一顿！""如果再不改进，就送你去寄宿学校！"或者宣布严重但又不切实际的后果："如果你再不停止胡闹，我就再也不带你和我们一起去度假！""如果你再继续和你的朋友吵架，就再也不准邀请别人来玩！"一开始孩子可能会听话，但长久下去，孩子似乎并没有变乖。这是为什么呢？因为孩子内心并不服气，认为父母没有以身作则，或者觉得父母总是误解他，或者认为这只是父母的谎言……

小森是一名初中生，临近期末考试时，父亲宣称：如果小森的成绩不能在班里保持前三名，就要取消他暑期出国游学的计划。对于父亲的威胁手段，小森感到十分气愤，他对好朋友说："哼，我又不是3岁小孩，他以为这样就能吓到我，我偏偏要让成绩掉到第三名以后，让他知道我是吃软不吃硬的，看他以后还敢不敢威胁我。"

一位儿童教育专家说："对于孩子来说，恐吓会刺激他们重复做一件不被允许的事情。当孩子被告知'如果你再做这件事……'时，他听不到'如果你'这三个字，他听到的只是'再做这件事'。有时他会把这句话理解为，父母希望我再做一次，要不他们会失望的。这样的警告——对于成年人来说可能很合理——对孩子来说不但无用，而且后果更糟糕。孩子肯定会再犯那些让人讨厌的错误。警告是对孩子自主权的挑战。如果他有一点点自尊的话，他就会再次违纪，以此向别人展示他不惧怕任何挑战。"

孩子会不会将"如果你再做这件事"理解为"再做这件事"，因人而异。有的孩子开始会听父母的恐吓警告，但等到他的胆子被吓大了，也就无所谓了！对于自尊心受伤，孩子可能会以不恰当的行为进行反击，有时是对抗父母，有时是施加于他人——这就很危险了！

苏霍姆林斯基说，没有爱，就没有教育。很多父母会这样形容孩子："我家孩子太顽皮了。""我家孩子就是爱捣乱。"孩子都希望听到父母对自己的正面评价，而这些负面评价显然会让孩子更不听话。如果父母在孩子做错事时说"你就知道捣乱"，然后想让孩子按照父母说的方法去改进，这似乎并不容易。这时，父母要说出正面的期望，比如："好孩子，妈妈知道你是不小心才弄乱这些东西的，你能帮妈妈一起把这里收拾干净吗？"

威胁并不能拉近亲子之间的距离，反而会让孩子觉得父母不好相处。当孩子捣乱时，父母先不要指责孩子，不妨用和善、商量的语气和孩子沟通。比如孩子把玩具扔得到处都是，可以这样说："宝贝，咱们要不要一起收拾下玩具，把它们放在那个漂亮的收纳盒里？"或者用邀请孩子帮忙的方式让孩子把玩具收好。

孩子捣乱也许只是想引起父母注意，这时，父母可以陪陪孩子，交给孩子一个小任务，孩子完成任务后，记得鼓励孩子再接再厉。如果孩子是故意捣乱，父母也可以通过鼓励让孩子不做捣乱的事，告诉孩子，如果他连续3天没有捣乱，将得到某种奖励。

第十一章　立规矩，父母要与时俱进
——让规矩引导孩子健康茁壮地成长

这个世界唯一不变的就是"变"。孩子一天天地长大，社会也在不断地发生变化，父母在给孩子立规矩时不要因循守旧，而要站在时代的前列，做到与时俱进。

1. 经常交流沟通，了解孩子心声

孩子逐渐长大，他会越来越有独立意识，父母在要求孩子守规矩时，不妨多听听孩子的想法，尊重孩子的意见。这样制定出来的规矩才容易被孩子接受，并且得到有效的执行。

而年龄大一些的孩子，往往能很好地表达自己的需求和情感，给这样的孩子制定规矩，一定要多跟孩子沟通交流，了解其内心需求，然后共同制定更符合实际的规矩。

暑假时，萧虹和丈夫决定带女儿去日本游玩。为了保证安全，出发前她对女儿说了很多规矩：出门在外，一定要跟紧大人；饿了就跟父母要点东西吃，渴了就自己喝水；想上厕所，跟父母说一声再去；不能在飞机上大声喧哗……最后，萧虹问女儿："刚才跟你说的这些，你觉得合理吗？"女儿想了想说："合理！如果不这么做，我可能会跟你们走散，或者影响到别人。"

提完要求和规矩后，萧虹让女儿想想还有什么需要补充，并对女儿提出的问题一一做了回答，比如：游玩的时候能不能乘船，遇到喜欢的东西能不能买，爬山的时候是否要准备登山杖……所有的问题都协商好后，母女俩又逐一列了出来，然后打印了两份。有了出行准则，这趟日本之行确实避免了不少麻烦。

生活无时无刻不需要沟通，亲子之间的沟通是情感的需要，也是成长的需要——两代人共同的成长。很多时候，父母光有一颗爱心是不够的，还需要学习爱的技巧，提高表达爱的能力。

一般来说，孩子都愿意和父母分享自己的事情，但父母总是在忙其他事情，不愿停下来耐心听孩子说，甚至阻止孩子说。有些父母虽然听孩子说了，但听到不好的事情可能就会发火甚至责骂孩子。还有些父母总是打断孩子，认为孩子说的都是无关紧要的事情，没有自己手头的事情重要，久而久之，孩子再也不愿跟父母沟通，亲子关系也会出现问题。

正确的做法是，父母停下手头的事情，面向孩子，保持目光接触，并仔细倾听，一边听一边通过点头或"嗯""是的"等来表示自己的关注。其间可以总结或复述孩子所讲的关键内容，包括孩子的感受及产生的原因。当然，仅仅倾听和理解是不够的，父母还必须用语言对孩子所讲的事情做出反应，但尽量不要重复孩子的话，而是使用相似的语言来表达相同的意思。孩子感觉自己受到尊重后，下次才会乐于跟父母分享发生在自己身上的事情。

另外，与孩子交谈时，父母要把自己放在与孩子平等的位置上，沟通是跟孩子进行讨论，而不是教训孩子。孩子感觉到了父母的关心以及对自己的尊重，才会用心倾听父母的观点，与父母讨论。而父母也可以通过这个机会，告诉孩子他的做法哪里欠缺考虑，有何不当之处或者危险。

比如孩子说不想上学，你会怎么回应？"你怎么这么不负责任！""你怎么可以这么懒呢！"这些都是带有价值判断的回应。孩子受到批评后，与父母沟通的意愿就会大大降低。而不带任何评价的做法，则可以营造更加安全和谐的谈话氛围，使孩子愿意敞开心扉。比如对孩子说："你是说你最近对上学不太感兴趣是吗？"然后再问："这是为什么呢？你能告诉妈妈原因吗？"这样孩子就会知道，如果他心里有困扰，父母永远会抱着支持的态度听他说话。

父母还应该营造和谐轻松的家庭氛围，允许孩子参与到家庭讨论中，让孩子有讨论家事的机会，这样孩子会觉得自己是家庭中的重要一员，感觉自己受到尊重。与孩子谈话或讨论时，话题应该轻松自由、积极向上，让孩子充分发挥想象，发表意见。切忌进行刻板的仪式安排，或者要求谈话一定要取得什么效果，否则将不利于孩子畅所欲言。

如果双方暂时无法达成共识，可以先保留意见。国外的教育学家经过认真研究，提出了"微笑协商解决冲突"的方法，具体做法是：分析确定冲突是什么，分析判断冲突的实质是什么，找出解决这一冲突的各种办法，分析冲突一方不能接受的解决方法，找出双方都可以接受的解决方法，实践并检验调整双方都能接受的解决方法。最后，让沟通成为生活中的一个重要部分。

阅读小贴士：

有效的亲子沟通，需要克服以下几种家庭障碍：

1. 感情缺位。包括分居、离异、单亲、留守、流动、隔代抚育、温暖缺失等类型的家庭。

2. 家教缺失。根据调查，目前80%的家庭有家教缺失问题，其中存在的四大冲突为期望值冲突、保护与溺爱冲突、交往的冲突和评价的冲突。

3. 忽视心理健康。心理学家认为，每个孩子都有以下4种心理需要：父母的爱护和关心；被接受，被尊重；得到别人的赞赏；在家里有地位。但在很多家庭中，孩子的这些心理需求根本无法得到满足。

4. 忽视非智力因素培养。这些家庭的特点是：只抓学习，不讲成绩；考了第一，父母仍不满足。

5. 两面性教育。即当面苛责，背后表扬，这种两面性教育会影响道德认同和亲子共识，容易造成沟通障碍。

2. 让孩子参与规矩的制定

在传统教育中，父母往往会习惯性地利用传统的威严，让处于劣势的孩子接受和遵守父母的要求，甚至一切规矩的制定和奖惩措施都由父母说了算，孩子能做的只有顺从，如果敢说半个"不"字，就是不理解父母的苦心、叛逆、调皮、不听话……

从客观的角度来讲，作为一个生命个体，孩子有权参与规矩的制定，即使父母也不能剥夺孩子的这种权利。有些父母认为孩子还小，很多事情超出了孩子的能力范围，让孩子参与只会坏事。但是，如果不尊重孩子的意见，不顾忌孩子的感受，规矩就会成为一堆冷冰冰的命令。这也是生活中很多孩子不满父母定下的规矩并进行反抗的原因之一。

在制定规矩的过程中，邀请孩子一起参与，并在适当的范围内让孩子自己做出选择和决定，可以促使孩子注意自己的行为，并体验自己选择的后果。

星期六晚上六点半是乐乐一家召开家庭会议的时间，他们的谈话一般是由小事开始展开。乐乐首先发言："你们都说我太胖了，但是你们并没有采取什么措施。爸爸妈妈总是在我面前吃巧克力，而我只能过过眼瘾，我希望你们能够帮帮我。"于是，大家决定制定一个卡路里表，到儿科大夫那里去咨询允许的饮食限制。比较瘦弱的妹妹也表示，以后她会悄悄地吃巧克力。

妈妈提出的话题是"零花钱"，因为乐乐认为一周 50 元的零花钱太少了，并且说出了自己的理由："我希望有时能够买点属于自己的东西，我还想悄悄地买，买好后再给你们看。"但是，他也认为妈妈把零花钱提高到 80 元太多了，他只想要 60 元，如果仍然不够的话，他会就这个话题再与父母商量。

孩子们还希望父母晚上能够陪他们玩一会儿，父母同意了，但同时也要求孩子们要及时完成作业和洗澡。

这种交谈方式使得全家人可以轻松地畅所欲言，而且大家都乐于付出努力去执行会上做出的决定，使得亲子之间的情感沟通和家庭教育都取得了一定的效果。

父母在制定规矩时要全面考虑，保护孩子的自尊心，尽量避免让孩子产生抵触情绪。须知规矩的制定在于建立"警戒线"并且让孩子有秩序感，保障孩子沿着安全健康的轨道成长，而不仅仅是为了树立父母的威信。

有些事情如果不涉及原则，是可以妥协的。也就是说，父母虽然提出了计划，但计划不是由父母确定的，孩子也可以提出自己的意见，有些非原则性的小事可以退让一步。比如，孩子可以根据实际情况调整学习与休息的时间。但是，诸如抽烟、喝酒、逃学之类的原则性问题，父母要坚持自己的立场，该说"不"的时候就要坚决说"不"。

阅读小贴士：

美国《儿童发展》杂志曾经刊登过一篇相关的调查报告，发现经常受到父母控制的学龄前儿童"沉默、乖顺、无抵抗意识"，不愿意与同龄人互动，对事物缺乏好奇心，不具备创新性。

3. 勇于纠正自己的错误

传统观念认为，父母向孩子道歉，会丧失自己的威严，所以，不少父母为了维护自己作为大人的面子，即使做错了仍然坚持不向孩子认错。研究表明，父母向孩子认错，不仅可以融洽家庭关系，而且可以用现身说法让孩子明白每个人都会有犯错的时候，认错并不是一件丢脸的事情。父母向孩子认错，不仅不会因为认错而丧失尊严，反而会让孩子更加尊敬父母。

一个妈妈说，孩子6岁的时候，她曾经冤枉孩子打碎了一瓶她新买的非常喜欢的香水，狠狠地把孩子骂了一顿。实际上，香水是爸爸打碎的，而且爸爸买了一瓶新的赔罪。孩子知道后，非常生气地要求妈妈道歉。妈妈因为一时磨不开面子便没有道歉，对此，孩子恨恨地说："那以后我做错了事情，我也不道歉了！"妈妈犹豫再三，最后决定向孩子道歉。有了妈妈做榜样，孩子也成了一个很有担当的人。后来，妈妈说："我很庆幸当初在犹豫中选择了向孩子道歉，教会孩子是非对错远比自己的面子更重要。"

一旦意识到自己的错误，父母首先要做的就是勇于承认。毕竟相对于承认错误时微不足道的自尊心受损，更重要的还是培养孩子的是非观和诚实品格。

这种源于生活的行为规范、对事物认知的正常反应以及优秀思想品格的确立，要比父母一条条地教孩子应该遵守什么规矩要有效得多。孩子一旦具备了有错就改、诚实认错的品质，就会以这一原则作为自己的行为规范。

假如父母明知自己错了还刻意隐瞒，且一错再错，当他们指出孩子的错误并要求孩子立即改正、勇于认错时，孩子会对父母制定的规矩产生排斥和逆反心理，认为父母是在搞双重标准。

在孩子面前承认错误，实际上是赏识和尊重孩子，这样不仅可以让孩子学会做人的原则，而且能让孩子对父母产生由衷的敬意，从而真正树立起父母的威信，亲子关系也会更融洽。

所以，父母要在家庭中营造一种知错就改的良好氛围，一旦意识到自己犯了错误或者孩子指出自己犯了错误，要大胆、真诚地承认，这样孩子就会以父母为榜样，在生活和学习中敢于并善于承认错误。

给孩子道歉时，要做到主旨明确，不要含糊其词，同时态度要中肯，不能嬉皮笑脸，否则会让孩子感觉父母的道歉不是出于真心，怀疑父母的诚意。道歉时还要心平气和，不要边发脾气边道歉，这样才能让孩子更好地接受父母的道歉。

但是，不要轻易因为孩子情绪波动而给孩子道歉，不能为了取悦孩子而毫无原则地自我否定，否则，父母的威信就会丧失，在孩子面前显得软弱无能。所以，道歉一定要有的放矢，目的是通过道歉让孩子感觉到父母对他的尊重，明白为人处世的道理，而不是故意取悦和讨好孩子。

当然，父母要想突然转变粗暴的态度并非易事，专制粗暴的行为在日常生活中也很难一下子扭转过来。但即便如此，父母也应该及时为粗暴、专制的行为向孩子道歉，同时告诉孩子，父母是爱他的，尽管态度有点粗暴，但目的是希望他能变得更好；父母以后会改，会温和地对待他，并请他监督。

4. 规矩应该与时俱进

孩子一天天地长大，环境一天天地变化，父母对孩子的要求和规范也应该与时俱进，适应环境的变化。

必须记住，规矩的设定不是为了限制孩子，让孩子来恨父母的，而是为了让孩子明白，什么事情在什么情况下可以做，让孩子学会把握分寸和尺度，以便更好地调整自己，适应社会。

比如，随着手机的普及，是否允许孩子带手机进入校园引起了很大争议，因为学生带手机而引起的争端也屡见报端。但不管学校有没有手机禁令，手机进入校园已经成为不争的事实。孩子可以不拿出来，但多数孩子的包里一定会有一部手机。

时代的车轮滚滚向前，不会因任何人的消极怠慢而停止。手机是这个时代信息化的产物，对于学生来说，强制他们不带手机，可能会让他们产生逆反心理。尤其是现在的学生自主意识很强，很懂得怎样为自己争取应有的权利，所以，与其强制性地要求孩子不要带手机，不如从正面引导孩子理性地对待手机，合理文明地使用手机，这样做效果会比简单的一禁了之要好得多。

只有去除不必要的规矩，孩子才会对真正的规矩产生敬意，发自内心地去遵守。比如，父母禁止孩子玩游戏，是因为父母认为游戏是有害的，但所有的游戏都有害吗？当然，沉迷游戏有百害而无一利，但会玩游戏的孩子显然都有一双灵巧的手，而且在游戏中也有同伴的合作与配合。有的孩子在玩游戏的过程中产生了对编程的兴趣，并因此找到了自己喜欢的发展方向。仔细想想，父母不让孩子玩游戏，某种程度上是因为自己不会，游离于孩子喜欢的事物外。在不太了解的前提下，就一棍子打死所有的游戏，背后隐藏着父母对新生事物的恐惧。只有了解一个新事物，看清它的积极面和消极面，父母才有权力决定是否要禁止它。

所以，规矩不能一成不变，过于死板和严苛的规矩会束缚孩子的成长和发展。父母在进行规矩教育时，要掌握宽严适度的原则，该严的一定要严，严格遵守，确保平安。比如一些用电规则、交通规则，像电网一样不可触碰，否则将后悔莫及。有些事情则要根据不同情况区别对待，不同情况适用不同的规矩。

小乔不喜欢父母关于周末晚上8点她必须回家的规定。她知道如果自己迟回家15分钟，第二天就得再早一个小时回家。如果她没有打电话告知父母她会晚回家，她就会有一天不能用电话。当小乔晚回家变成了一种常态后，父母找她谈话，告诉她这样做会有什么后果，并以更加严格的方式让她学会遵守规矩。在父母能够信任她之前，她被要求更早回家。

后来，小乔鼓起勇气向父母提出延后回家的时间，因为她的朋友们都可以在外面一直玩到半夜。她还表示，她在学校一向表现良好，回家还会帮父母做家务。父母经过考虑后，对她说，如果她能够在接下来的两周都遵守现行规矩，他们会考虑做出改变。

规矩和结果可以根据需要做出改变。它们应该基于孩子的实际情况及其在某个特定发育阶段的需求。不要只是因为青春期孩子的执拗而改变规矩，父母可以用"我会考虑的"这样的回应来给自己一些思考的时间。

如果事关安全问题，不妨相信自己的直觉。如果父母对应该怎么做心存疑虑，可以征求亲朋好友的意见。孩子需要在父母的帮助下学会做出正确的选择，或者是从错误选择的后果中吸取教训。

如果孩子说什么都不肯遵守规矩，父母好说歹说，他仍然采取反抗的态度，这时就要看看规矩本身是不是存在问题。父母立规矩前可能也会和孩子沟通，但那毕竟只是想象中的情景，一旦这个情景变为现实，也许就不那么合适了。遇到这种情况，父母需要适当地调整规矩的内容，以符合实际情况。

在修改规矩时，父母要与孩子平等沟通，把孩子看作平等的人，而不是一个附属品或是任由父母支配的孩子。新规矩的制定同样需要与孩子沟通，需要兼顾孩子的感受和需求。规矩的改变是一个重新找到大家都能接受、理解和认同的新的行为规范的过程。如果父母一意孤行，忽略孩子，无疑是在使用强权压制孩子，这样制定出来的规矩很难得到孩子的认可和接受，更无法得到孩子的配合。因此，尊重孩子不是口头上的空话，需要父母将其贯彻到日常生活中。父母应该坦诚地告诉孩子现在遇到了什么状况或问题，让孩子了解新规矩的合理性及对双方的好处，这样才更有可能赢得孩子的支持。

立规矩的目的是为了让孩子变好，一旦孩子变好了或者有了进步，最初的规矩就需要有所改变了。比如可以适当放宽，或者完全撤掉这个规矩。如果孩子的表现并不那么令人满意，父母可以和他聊一聊，看看是规矩内容的偏差还是孩子表现的问题，然后再调整规矩的内容，以适应孩子的行动。

不同时期的孩子有着不同的心理变化，所以管教方式也不能一成不变。父母需要不断地学习，才能成为合格的父母！

无论何时，请记得收起专制作风！随着孩子不断长大，父母要学着去信任孩子。违规要惩罚，但随着孩子年龄的增长，规矩也要随之减少。